獻給

Catherine

及

所有為制憲努力的台灣人

勇士的國土

環遊美國50州 二部曲

吳祥輝 著

（Shutterstock 提供）

目錄

4 **自序** 勇士，願意為價值而戰的人

12 **環遊美國50州旅遊示意圖**

第一篇 獨立／制憲

16 **《獨立宣言》和美國憲法的誕生地：費城**

30 **獨立戰爭三部曲**

38 **精彩的制憲故事**

52 **美國憲法的原創性**

第二篇 建國／建軍

66 **遷都華盛頓的條件交換**

76 **二十一世紀的全球帝國首都**

86 **美國夢的歷史性奇蹟**

94 **橋和隧道建構的紐約市**

104 **小個體大雄心的常春藤：普林斯頓**

114 **信用卡首都：威爾明頓**

120 **美國國歌的誕生地：麥克亨利堡**

128 **最危險的城市：巴爾的摩**

132 **美麗的海軍學院校園：安那波利斯**

138 **平民的命名，貴族的翻譯：華盛頓特區**

第三篇 政黨政治／南北戰爭

150 茶裡加炸藥的昆西亞當斯
156 民主黨和共和黨的誕生
162 西點軍校打西點軍校：南北戰爭
174 謙卑謙卑再謙卑的阿米許：蘭開斯特
178 中國是美國再度偉大的希望
188 對總統最無情的國度：美國
194 RV旅行首途：維儂山莊
202 美國稱霸全球的起點：諾福克
208 北美第一個殖民地：詹姆斯鎮

第四篇 民權／公民權運動

216 以叛國為榮的城市：里奇蒙
220 三個維吉尼亞大學最著名的秘密組織
224 夏洛特的「蠑螈選區」和哥倫比亞的「杜立德空襲」
230 廣場城市薩凡納獨特的慢遊車
236 傑克遜總統的主場：佛羅里達
240 金恩博士的故鄉：亞特蘭大
250 非暴力抗爭的聖地：蒙哥馬利

266 **附錄** 吳祥輝創作大事記

自序

勇士，願意為價值而戰的人

如果首部曲《磅礴美國》寫的是果，二部曲《勇士的國土》寫的就是因。創造源於自由，自由因於勇敢。《磅礴美國》描述現代美國的創造性和自由。《勇士的國土》主訴的是美國開國前兩百年中，勇敢追求自由的故事。

這本書的寫作過程和敘事情境和過去大不同。以往是原創的多，這次是改寫和摘譯的多。古人古事無法採訪當事人和現場，只能採訪二手或更多手的歷史和公開資料。取捨總是很難，選擇決定一切，價值決定選擇。從閱讀的上百萬字裡，順著旅程，選擇對台灣可能最有價值的相關片段，改寫成容易順暢閱讀的故事，順便引導讀者領略一些美國的現代風光。這就是作者唯一的「原創立場」。

《勇士的國土》開場於一七六〇到一七七〇年代一系列的《不可容忍法案》。英國的經濟打壓，激起美國的獨立革命。歷經憲法制定，第二次獨立戰爭，政黨創立重組，南北戰爭，廢除奴隸制度，實施種族隔離政策，結束在一九六〇年代黑人民權和公民權運動。兩百年的外抗強權，內爭民權，稱霸世界。期間的國土擴張，在《磅礴美國》第二十八章「老鷹變大象的故事」已有敘述，這本書就不再重複。

「哪裏有自由，那裡就是我的國家。」如果富蘭克林的這句話，對今天的台灣人和中國人依然有明確的激勵性和警覺性，那麼這兩百年的美國故事，自然能顯現跨越時空的現代價值。「國會為尊，議會為大」「政府要能自己控制自己」「避免少數人擁有太多的權力」的美國憲法精神，如果能對台灣人的統獨議題和正名制憲，激盪出更深層的憲法哲學和原創性討論，那就是這本書可能的最大價值。

勇士或許不來自戰場。上了戰場就是為了殺敵活命。勇士是願意為價值而上戰場的人。沒有各地民兵拿槍而起，就沒有美國獨立戰爭的開場。沒有華盛頓的「裸體軍團」，以小博大，以弱擊強，永不放棄，美國獨立戰爭恐怕只有預告片，不會有下集待續和完結篇。

勇士的奮戰，也在憲法戰場。理念的爭辯，爭辯，再爭辯。事關利益，能妥協就妥協。事關價值，不能妥協就不惜分裂。美國憲法以及民主黨和共和黨的創立，處處都是勇士的聲音和足跡。

南北戰爭是美國史上最血腥的一頁。死傷的人數超過美國兩百四十年來所有戰爭的總和。「這個戰爭的大天譴，是國家必須為百年加諸黑人的不平等待遇，付出的代價。」這是林肯所做的最終詮釋。

獨立戰爭和南北戰爭都是北方打向南方。黑人民權和公民權運動是南方發難，擴及全國。金恩博士領導非暴力抗爭，家裏，教堂，旅行住宿的汽車旅館被白人射擊，丟炸彈。「告訴蒙哥馬利，他們可以繼續射擊，我將和他們繼續對抗。告訴蒙哥馬利，他們可以繼續丟炸彈，我將繼續和他們對抗。」這是他的答覆。

《勇士的國土》的旅程就結束在阿拉巴馬州的首府蒙哥馬利。旅程北到紐約，一路往南。紐澤西，賓夕法尼亞，德拉瓦，馬里蘭，維吉尼亞，北卡羅來納，南卡羅來納，喬治亞，轉進不臨大西洋的阿拉巴馬。紐約以北的新英格蘭地區，雖是這兩百年故事的爆發點，卻是本土四十八州旅行的最後階段，因此，只有歷史故事，沒有現代場景和風情。這部分等待最終曲再補充。

「國家書寫系列」，從二〇〇五年旅行芬蘭，首部曲《芬蘭驚艷》二〇〇六年出版後，歷經《驚歎愛爾蘭》《驚喜挪威》的歐洲三部曲。接著進入第二個五年計畫，父子三部曲，《告別中國》《惜別日本》《離別韓國》。美國三部曲是第三個五年計畫，《磅礡美國》《勇士的國土》，以及還不知名的最終曲。長達十五年持續的國際寫作旅行計畫就將在今年，二〇一九年完成。

旅行是記憶的釋放，寫作是作家自我探索，重新思考的過程。這卻只是一本書旅程的開始。出版，發行，閱讀，影響或沒影響，才是書旅的全部。幸運的是，作家的旅行寫作已經結束，書的旅程仍然持續進行著。這種共鳴或許暗示著台灣人對改變的渴望。真正的改變不會來自觀念或政策的移植或抄襲，而是來自本質性的理解，在實踐中創造出自己的新本體。

過去的十五年，正當世界巨變的時刻。科技再興，從電腦到網路，人工效率到人工智慧。中國崛起到可能崩潰的前夕。美國從地中海到波斯灣，再到南海和太平洋。美中關係從戰略夥伴，變成戰略對手。美中台隱而未明的「一中一台」政策，逐步公開出場，甚至面臨攤牌。台灣人習慣於用自己的歷史和現實看世界，或許，從文明的歷史，全球戰略格局和普世價值中才能更了解自己。

台灣產官學的領導菁英幾乎都是留學美國，或只是讀美國知識，但是，在實踐中，卻往往和美國價值背道而馳。希望《勇士的國土》能夠展現更明確的美國價值高度。美國的歷史不獨屬於美國。她是近代殖民地獨立成功的第一個，也是現代化民主的先驅，影響著全球的殖民地獨立，和政體的變化。儘管不夠美好，美國仍是世界的民主燈塔。中國共產黨的存在，或許更能彰顯美國不完美的偉大。

十五年匆匆已過。從兒子們的「小時候」，寫到現在孫子出生上學時。年紀難以改變個性和價值觀，改變的是心境。寫作的敘事情境中，彷彿面對年輕人的熱情，已漸淡漸遠。國家書寫的三個五年國際寫作旅行計畫，今年就當完成和結束。如果想說的十五年還說不完，那還真是囉唆。已開始想像的是，如果有個小孫女，我會為她說個什麼故事？

要感謝的人很多，知名的不知名的。讀者是作家最大的財富，感謝許多讀者長期的支持，這種高成本的寫作方式才能繼續維持。這本書要特別感謝的是美國史學家亞瑟史列辛格（Arthur M. Schlesinger, Jr.）和鹿橋出版公司，以及許多位美國史學家。史列辛格有許多美國史著作，一九四六年《傑克遜時代》（*The Age of Jackson*）和一九六六年《自傳—一千天》（*Biography- A Thousand Days*）兩度獲得普立茲獎（史學類）。

史列辛格主編的一套一百五十本政治巨人傳記，中文版由鹿橋出版。這是我長年閱讀世界政治的基本讀物。《勇士的國土》敘述的故事，大部分就是改寫和摘要自這系列傳記。特別是引述的部分，由於不知原文，不敢改寫，完全如書照錄。也由於說故事不像做學術研究，如果到處是註，恐怕難以閱讀。更因為，《勇士的國土》的一段故事，可

（Shutterstock 提供）

｜從第二次世界大戰紀念碑拍攝林肯紀念堂。

能並不單獨來自某本書，而是來自幾本書的綜合。舉例說，寫獨立戰爭，至少要讀美國的前五位總統的傳記：華盛頓，亞當斯，傑佛遜，麥迪遜和門羅。一次又一次地相互比對，融合，才能貫通。寫美國憲法還要把參加憲法會議的五十五個人的背景都Google清楚。

另外要感謝的是美國各個歷史景點所發行和販賣的簡介。《勇士的國土》的一部分故事，就摘譯改寫自這些資料。當編譯的角色成分，比當作家的可能更多。這是要特別感謝和致歉的，也向讀者特別說明清楚。

史列辛格在他一九七三年的《帝王總統》（*The Imperial Presidency*）書中，提出兩個主要論點。一是美國的總統都失控，二是美國的總統都超越憲法的限制。或許這正印證美國立憲的國父們的憂慮，也幸好有這部基於對政治人物不信任的前提，所產生的憲法，才使得絕對的權力，受到節制和制約。

新時代的開創，都來自於政治不正確的勇士們。這是《勇士的國土》可以有的詮釋。美國建國的前兩百年，就是美國價值不斷戰勝現實的歷程。溫和是四季如春的台灣人本質，軟弱是歷代外來統治者高壓加工後的台灣菁英特色。希望您會喜歡《勇士的國土》。

二〇一九年，二月。台北，台灣。

美國建國前兩百年的歷史，就是
美國價值不斷戰勝現實的歷程。

（Shutterstock 提供）

首部曲 旅程
二部曲 旅程
最終曲 旅程
明尼蘇達州
(MN)
威斯康辛州
(WI)
密西根州
(MI)
愛荷華州
(IA)
伊利諾州
(IL)
印地安那州
(IN)
俄亥俄州
(OH)
西維吉
尼亞州
(WV)
密蘇里州
(MO)
肯塔基州
(KY)
阿肯色州
(AR)
密西西比州
(MS)
路易斯安那州
(LA)
田納西州
(TN)
阿拉巴馬州
(AL)
喬治亞州
(GA)
南卡羅萊納州
(SC)
北卡羅萊納州
(NC)
佛羅里達州
(FL)
維吉尼亞州
(VA)
賓夕凡尼亞州
(PA)
紐約州
(NY)
新罕布夏州
(NH)
佛蒙特州
(VT)
緬因州
(ME)
麻薩諸塞州
(MA)
羅德島州
(RI)
康乃狄克州
(CT)
新澤西州
(NJ)
德拉瓦州
(DE)
首都華盛頓
(Washington, DC)
馬里蘭州
(MD)

環遊美國50州旅遊示意圖

華盛頓州
(WA)
蒙大拿州
(MT)
北達科塔州
(ND)
俄勒岡州
(OR)
愛達荷州
(ID)
南達科塔州
(SD)
懷俄明州
(WY)
內布拉斯加州
(NE)
內華達州
(NV)
猶他州
(UT)
科羅拉多州
(CO)
加利福尼亞
(CA)
堪薩斯州
(KS)
亞利桑那州
(AZ)
新墨西哥州
(NM)
奧克拉荷馬州
(OK)
德克薩斯州
(TX)
阿拉斯加州
(AL)
夏威夷州
(HI)

（Shutterstock 提供）

第一篇 獨立／制憲

《獨立宣言》是人類劃時代的革命性壯舉。
對公平正義的信念，對被壓迫者的同情，對人類社會未來的豐富想像力，
再加上文學造詣和膽識過人，才寫得出這樣開天闢地的文句。
學理基礎，草根經歷和經驗，堅持信念的理想性，和克服艱險的革命家性格，
四合一的特質發明出《美國憲法》。

費城獨立廳（背面）

31 《獨立宣言》和美國憲法的誕生地：費城

費城，美國開國的總司令部，建國勇氣和智慧奔赴的城市。

獨立廳（Independent Hall）在四個串連的長形街區南面，是美國《獨立宣言》和美國憲法的簽署地。過街是自由鐘（Liberty Bell），標舉「世界的自由象徵」「直到各方土地上的居民都宣告自由」。國家憲法中心（National Constitution Center）在北面，是美國憲法博物館。

獨立廳和自由鐘是古蹟，憲法中心開放在二十一世紀。慢慢走，獨立廳到憲法中心直行約十分鐘。加上附近街區的其他景點，「獨立歷史公園」被譽為「美國最具歷史意義的一平方英里」。廣場的綠草坪上，孩子們玩鬧嬉戲。

獨立戰爭爆發前，北美十三殖民地原只是反英國的經濟打壓，反經濟壟斷，反《不可容忍法案》（*Intolerable Acts*）。經濟暴行驅動政治革命。

一七六四年《糖法案》（*Sugar Act*），北美殖民地有納稅和增稅的義務，以作為改善英軍的防衛需求。一七六五年《印花稅法案》（*Stamp Act 1765*），殖民地的印刷品都要

繳納印花稅。殖民地反抗後，印花稅取消。一七六七年《湯雪法案》（*Townshend Act*）英國連本帶利討回。殖民地進口貨物在港口就直接扣稅，不必等到進入內陸。一七六九年，維吉尼亞殖民地議會通過法案，不接受英國課稅，決議抵制英國的課稅貨物。各殖民地紛紛響應。

一七七〇年三月五日，一個英國軍官在波士頓國王街買假髮，造成沒付錢的誤會。爭執中英軍毆打商家，引發軍民衝突。市民攻擊英軍，紅衫軍開槍打死五位市民，六位受傷。「國王街事件」變成「波士頓屠殺」（Boston Massacre），傳

費城獨立廳（正面）是獨立宣言和憲法簽署地。

遍殖民地。殖民地怒火延燒。英國繼續高壓，一七七三年，實施《茶葉法案》（*Tea Act*），讓倫敦的東印度公司獨家壟斷茶葉貿易，去庫存和打擊北美茶葉走私。塞謬爾亞當斯（Samuel Adams）領導的「自由之子」（Sons of Liberty）約一百五十人，分三組潛入停在波士頓港口的三艘茶船上，破壞貨物，把茶葉全倒進海裡。紅衫軍進駐，軍事鎮壓。

一七七四年，英國國會通過一系列《強制法案》（*Coercive Act*），作為傾倒茶葉事件的懲罰。波士頓是麻薩諸塞的首府，敢反抗就挨打。《波士頓港口法案》（*Boston Port Act*），關閉波士頓港，直到賠償茶葉損失，秩序恢復到讓英王滿意為止。《麻薩諸塞政府法案》（*Massachusetts Government Act*），取消麻薩諸塞自治權，直接由英國政府管轄。《司法行政法案》（*Administration of Justice Act*），麻薩諸塞的皇家官員得以移轉司法管轄權到其他殖民地或英國。《駐營法

——費城國家憲法中心正在展覽美國《權利法案》的原件。

案》（*Quartering Act*），所有的殖民地都應提供英軍駐地住房。如果總督認為需要，可以徵用其他民房供英軍使用。《魁北克法案》（*Quebec Act*），向南延伸英屬魁北克的領土，將密西西比河流域的一些殖民地，納入非北美殖民地管轄。從《糖法案》到此，連續十年的《強制法案》，被殖民地認為是《不可容忍法案》（*Intolerable Act*）。

「殖民地在英國國會沒有代表權，為什麼要繳稅？」殖民地怒吼。

「如果這就是叛國（Treason），那就讓我們徹底叛國。」維吉尼亞代表派屈克亨利（Patrick Henry）說：「我不知道別人因為什麼理由接受。對我而言，給我自由，或給我死。」（give me free or give me death）。這就是「不自由毋寧死」的典故。

「我寧受英國法律統治，也不願被其他國家統治。但要繼續接受英國國會的迫害，我寧願將英國弄沈——整個不列顛島沈入海裡。」湯瑪士傑佛遜（Thomas Jefferson）的書信正足以表達這種心聲。

一七七四年九月五日，第一屆大陸會議（Continental Congress）在費城召開。十三殖民地出席十二個，喬治亞缺席。喬治亞因土地問題，和克里克族（Creek）印第安人衝突，需靠英軍援助。會議決議對英國進行反經濟制裁，罷買英國貨。這是對英王喬治三世恫嚇「殖民地若不認罪，就只有死路一條」的總答覆。

一七七五年四月十九日，「列星頓和康科德戰役」（Battle of Lexington and Concord）爆發。殖民地民兵在波士頓西方約三十公里的列星頓和康科德，和搜捕叛亂份子以及武器的一隊英軍激戰。英軍敗退波士頓。這場戰役被稱為「響遍全世界的槍聲」「美國獨立革命的第一槍」。來自麻薩諸塞各地的民兵，開始湧向波士頓，包圍波士頓英軍。

對英的第一戰事實上是一七七四年十月十日的維吉尼亞「快活角戰役」（Battle of Point Pleasant）。這個歷史公案在一九〇八年，經美國參議院決議確認。「快活角戰役」只是地方性，「列星頓和康科德戰役」才引起全面廣泛的注意和影響力。十年的經濟，政治和軍事打壓，終於激起殖民地不惜一戰。

一七七五年五月十日，第二屆大陸會議舉行。十三殖民地到齊。因為英國喬治亞總督要求不能再要克里克族做更大的土地讓步，激怒殖民地。喬治亞加入抗英陣營。會議決議《武裝宣言》，任命華盛頓（George Washington）為大陸軍（Continental Army）總司令，率兵增援波士頓地區的民兵。和第一屆大陸會議一樣，決議文仍對英王表示效忠。

雖然，殖民地還沒和英國全面決裂，只是局部的反抗暴政，但是，槍聲既響，民兵四起。五月十日當天，八十三個民兵攻佔紐約北部的提康德羅加堡（Fort Ticonderoga）。這是哈德遜河畔的英軍要塞，扼守英軍從加拿大南下的軍事要衝。小戰役，大影響。避免圍困波士頓的民兵被增援的加拿大英軍反包圍。要塞中的六十門大砲，後來立下奇功。

六月十七日，華盛頓總司令還沒抵達波士頓。波士頓爆發「邦克山戰役」（The Battle of Bunker Hill）。殖民地民兵在高地建築防禦工事。英軍攻向山頭。民兵總兵力約兩千多，傷亡約四百五十人。英軍總兵力三千多，死傷約三分之一。英軍勝利，損失遠超過所能負擔。這是美國獨立戰爭中，英軍死傷最慘重的戰役。英軍將領向喬治王報告：「恨不得燒毀這片受詛咒的土地。」

七月二日，華盛頓總司令抵達劍橋，波士頓西北方約五公里處。查爾斯河（Charles River）隔開兩地。

──瞬間民兵雕像，康科德。
紀念一七七五年四月十九日。

哪有什麼大陸軍？不就是散在全國各地的民兵。民兵使用打獵的來福槍，不能裝刺刀。打完子彈，英軍上刺刀，大陸軍肉搏戰時只能用槍柄，或向四面八方逃跑。

華盛頓總司令一邊帶兵，一邊懇求各殖民地增兵，還要自帶武器。他一邊募集食物，帳棚，槍枝，軍備和藥品。一邊向大陸會議要求，官兵必須獲得合理薪資，役期必須增長。短期湊合的民兵打遭遇戰可以，無法和英軍打正規戰。軍紀是什麼？沒聽過。軍備不足，軍營髒亂，食物缺乏，薪水很低，而且還不保證準時發薪。

「早知道是這種局面，絕對不會接受這個任命。」華盛頓向大陸會議抗議。他一心為戰爭做準備。六月的「邦克山戰役」後，喬治王在八月正式下詔：「敉平公開叛亂」。殖民地局部抗暴被正式定性為全面叛國。

一七七六年一月，潘恩（Thomas Paine）的《常識》（*Common Sense*）出版。「一個小島想永久統治一片大陸

（Shutterstock 提供）

潘恩的《常識》被譽為是史上最具影響力的一本書。

是荒謬的。」這麼簡單的常識，一百多年來竟然沒人發現。獨立聲浪風起雲湧，壓過想和英國重修舊好的暗潮。華盛頓深受鼓舞感召。

二月，提康德羅加堡要塞中的六十門大砲，穿越積雪的山路，經過三百多公里，被牛車遠運到劍橋的總司令部。三月四日，華盛頓率領三千士兵夜行軍，潛行到波士頓外的英軍大本營附近，架好砲陣。英軍波士頓統領清晨驚醒，發現已被砲陣瞄準，豎白旗求降。英軍安全離開，上船遠航，大砲海葬，波士頓讓給美軍。這場「多切斯特高地要塞戰役」（Fortification of Dorchester Heights）是華盛頓的第一場大勝戰。

七月二日，大陸會議驚天動地，正式宣告北美十三殖民地獨立：

「聯合殖民地有權利，也必須成為自由和獨立的州，他們被免除所有對英國的忠誠，他們和英國的政治聯繫，必須全部終止。」決議案十二比零通過，紐約棄權。當時，英軍已準備攻佔紐約，英軍戰艦一艘艘兵臨紐約港口。獨立決議文顛覆喬治王的「叛亂」，重新定性為「獨立革命」。轉守為攻。

七月四日，《獨立宣言》發布。開宗明義的前言，傳頌至今約兩個半世紀：

「我們擁有這些不證自明的真理，所有的人被造而平等，造物者賦予他們不可被剝奪的生命權，自由權和追求幸福的權利。為保障這些權利，人們建立政府。政府的正當權力，來自被統治者的同意。無論何時，任何形式的政府，只要變成對這些最終目的有害，

《獨立宣言》的標題強調是十三州的一致宣言。

IN CONGRESS, JULY 4, 1776.

The unanimous Declaration of the thirteen united States of America,

（Shutterstock 提供）

人民就有權利改變或廢除，並建立新政府。」

《獨立宣言》是人類劃時代的革命性壯舉。君權時代進入民權時代。天賦人權，天賦自由權，天賦追求幸福權，天賦革命權。政府的存廢由人民決定。

《獨立決議文》和《獨立宣言》（*The Unanimous Declaration of thirteen united States of America*）是個套裝，由約翰亞當斯（John Adams），湯瑪士傑佛遜，班傑明富蘭克林（Benjamin Franklin），羅伯李文斯敦（Robert R. Livingston），和羅傑謝爾曼（Roger Sherman）的五人獨立委員會起草。《獨立宣言》本來要由亞當斯和傑佛遜合作起草，亞當斯卻堅持由傑佛遜主筆。他認為《獨立宣言》由維吉尼亞人來寫比較適當。維吉尼亞是十三殖民地的開山祖師，強而有力，人才濟濟，又是大陸會

傑佛遜雕像，手上拿著《獨立宣言》。維吉尼亞州，蒙蒂切洛故居。

議的發起人。而且，傑佛遜的人緣比他好。「你可以寫得比我好十倍。」亞當斯對傑佛遜說。終於決定：傑佛遜主稿，亞當斯和富蘭克林修正定稿。

對公平正義的信念，對被壓迫者的同情，對人類社會未來的豐富想像力，再加上文學造詣和膽識過人，才寫得出這樣開天闢地的文句。光是「人被造而平等」就觸犯社會大忌，危害自己和家庭以及社交關係。哪個南方的大莊園沒有黑奴？華盛頓，傑佛遜，麥迪遜，都出身維吉尼亞的大地主家庭，家中都有很多黑奴。除非死亡或逃走，或賣出，黑奴是可繼承的財產。

「人被造而平等」（All men are created equal）在過去漢譯成「人生而平等。」這不精準。這話的原版是喬治梅森（George Mason）四世，在一七七六年五月草擬的《維吉尼亞權利法案》（*Virginia Declaration of Rights*）中提出的：「人生而平等地自由和獨立」（All men are born equally free and independent）。《維吉尼亞權利法案》在六月通過，列入維吉尼亞州憲。傑佛遜受到啟發，重創成「人被造而平等」。這更符

（Shutterstock 提供）

—喬治梅森四世是美國《權利法案》的主推手。

合事實，更貼合基督教精神。「人生而平等」不是現實，現實扭曲造物者的本意，這才是傑佛遜這句子的高度。

《獨立宣言》發表七年後，一七八三年麥迪遜（James Madison Jr.）準備離開費城回家時，才賣掉貼身的隨行黑奴比利。他寫信請求父親諒解，委婉地說：比利的思想已受到污染，恐怕無法再和維吉尼亞的奴隸共處。一七八七年憲法會議的五十五位代表，蓄黑奴的有二十五位。一七九九年華盛頓辭世。一年後，家園中的三百個奴隸才解放。一八二六年傑佛遜去世時，擁有超過兩百五十名黑奴。距離《獨立宣言》，已經過五十年。

《獨立宣言》是美國獨立革命的檄文，也是美國社會運動，民權運動，父權革命，甚至是女性主義的先聲和根源。雖然，當年女性沒有發言權，主詞是「所有的男人」（All men），不是「所有的人」。但這就是歷史的腳步，野蠻到文明無法一步到位。當年，亞當斯四十歲，傑佛遜三十三歲。出英雄的年紀。《獨立宣言》共有五十六位簽署人。起初只公佈宣言，沒公佈簽署人。英王宣稱：簽名者死。簽名檔保密近一年。

獨立廳會議室鋪著綠桌巾，佈置著當年第二次大陸會議和憲法會議的兩個歷史場景。

維吉尼亞的席位上，放著傑佛遜走路用的手杖。凱撒羅德尼（Caesar Rodney）的桌上放著鵝毛筆。這是紀念第二次大陸會議的《獨立宣言》。羅德尼是德拉瓦的三位大陸會

（Shutterstock 提供）

議代表之一，有哮喘病，患有臉部皮膚癌。他趕回德拉瓦處理叛亂。德拉瓦的另外兩位會議代表陷入僵局。一位贊成《獨立宣言》，一位不贊成。羅德尼得到訊息，七月一日在暴風雨中，抱病夜騎約一百一十公里，七月二日趕到費城，正好趕上投票即將開始。關鍵一票讓全部十三州都宣告獨立。

會議室後方有個較舒服的椅子，是專為富蘭克林準備的。憲法會議時他已八十一歲，拖著老命。稍遠的前方講台上，有張椅背較高的椅子，是華盛頓主席的座位，掌控全場。這兩個佈置是憲法會議的歷史場景。

｜獨立廳會議室，一室兩景。

（Shutterstock 提供）

一室兩景，美國獨立建國和自由哲學的里程碑。自由鐘在首席大法官約翰馬歇爾（John Marshall）葬禮時，敲出裂痕，早成絕響。從美學觀點，自由鐘的裂痕有種缺陷美，令人聯想到獨臂的維納斯。

—自由鐘敲裂，已成絕響，卻有缺陷美。

32 獨立戰爭三部曲

《獨立宣言》的正式手寫原件，主標題很長，強調是十三州一致決議。內容控訴和譴責英帝國強加於北美殖民地的罪行和不義。

英美兩國情斷義絕，英軍增援。全世界最強大的海軍，一艘艘戰艦和運兵船開向紐約。英軍總兵力高達三萬名，包括一萬名德國黑森傭兵。八月，英國大軍登陸紐約。「布魯克林戰役」（Battle of Brooklyn）大陸軍陣亡一千五百名。眼看美軍主力就要被殲滅。沒想到，趁著夜黑風高和濃霧，華盛頓率領殘餘的九千兵力，渡河逃到曼哈頓島，英軍戰勝。華盛頓的戰術指揮能力受到肯定。

十二月，華盛頓從紐約南撤到首都費城，英國追兵緊隨。他承認無法抵抗英軍。大陸會議只好撤出城，南遷巴爾的摩開會。戰情令人沮喪，華盛頓並不絕望。他向來沈著冷靜。費城美軍總司令部隔德拉瓦河的對岸，駐紮幾千名英軍的德國傭兵。

聖誕節晚上，華盛頓率領兩千四百名士兵，渡過碎冰漂浮的德拉瓦河（Delaware River），展開夜襲。凌晨三點完成渡河，許多士兵的武器和彈藥濕了不能用。「用刺刀。我非拿下翠登不可。」軍備已經略有改進。美軍俘擄睡夢中驚醒的英軍一千名，六門大砲，和數百支小型武器，以及一整倉庫的補給品。美軍只有兩人凍傷，四人受傷，沒人陣亡。英軍顏面掃地。華盛頓趁勝北進。

一七七七年一月二日，華盛頓又夜行軍。一月三日「普林斯頓戰役」（Battle of Princeton）爆發。在華盛頓靈活的戰術運用，和大砲優勢下，英軍投降。兵力不如人，軍隊素質太差，大陸軍靠不睡覺，不怕冷和餓肚子的意志力，在華盛頓率領下夜行軍，夜襲和拂曉出擊，兩度打敗世界超級強權。開始流傳著華盛頓刀槍不入，如神的傳奇。

「翠登戰役」（Battle of Trenton）和「普林斯頓戰役」都不是主力大決戰。英軍南攻首都費城。華盛頓率軍回救。費城外圍的「白蘭地溪戰役」（Battle of Brandywine），雙方兵力各約一萬五千人。美軍傷亡一千三百人。三百陣亡，六百受傷，四百被俘，包括二十歲的法國侯爵拉法葉也受傷。英軍傷亡較輕。拉法葉侯爵為追尋人生的光榮，從法國自備船隻兵員，武器錢財，加入美國獨立戰爭，成為華盛頓的重要幕僚，和欽佩尊敬的一個年輕人。當時華盛頓四十五歲，拉法葉二十歲。

九月二十六日費城淪陷。大陸會議北遷「紅薔薇之城」蘭開斯特，再西遷「白薔薇之城」約克。這個約克不是維吉尼亞的約克，在賓州境內。十月四日，費城外圍的「德國鎮戰役」（Battle of Germantown），美軍再度慘敗，傷亡和被俘超過一千一百人。連續兩場首都外圍的大敗戰，華盛頓從天堂跌入地獄。被冠上無能，沒路用的種種罪名。

曾經，華盛頓指揮一小隊新兵迎擊英軍。看到紅衫軍的壯盛軍容時，小隊棄槍逃命，把馬上的華盛頓留給衝鋒而來的敵人。「天啊。難道我真的要和這些烏合之眾，一起保衛美國嗎？」他把帽子摔到地上。即使處境悲慘，華盛頓依然悲天憫人，他同情士兵的待遇和危險，讚許他們的忠誠，贏得士兵們的尊敬。

一七七七年到一七七八年的冬天，華盛頓帶領殘兵，在費城西北約三十公里的迎風高原福吉谷（Valley Forge）建立營地。四千人沒軍毯，其中兩千人入伍已超過一年，從來就沒有領過軍毯。大陸軍在福吉谷渡過寒冬。鞋不包足，襪不裹腿，衣不蔽體的裸體軍團，贏得同情，嘲諷和欽敬。

一七七八年三月，補給相繼而來。一位來自德國（普魯士）的軍事專家史都班恩男爵（Friedrich Wilhelm Ludolf Gerhard Augustin von Steuben, Baron von Steuben）加入美軍。華盛頓任命他擔任少將檢查總長，負責訓練士兵。大陸軍戰力開始蛻變。五月，傳來法國正式承認美國獨立的空前喜訊。美國獨立戰爭三部曲進入最終曲。首部曲是獨立武力對抗，二部曲是宣布獨立，三部曲是強國力挺，正式以國家之名出兵。戰局就將逆轉。

六月，英美在紐澤西翠登東北方的「蒙茅斯戰役」（Battle of Monmouth）打個平手，展現大陸軍的新戰力。八月，美法聯軍和民兵共約一萬名，在「羅德島戰役」（Battle of Rhode Island）和六千七百名英軍作戰，互有傷亡。第一次美法聯合作戰，法軍自視甚高，瞧不起美軍，華盛頓很傷腦筋。「羅德島戰役」後拉法葉回法國，成功遊說法王路易十六增兵，一七八〇年回到美國戰場。

這期間是大陸軍的黑暗期。英國海軍掌握絕對制海權，從海上發動全面攻擊。南方港口一一陷落。喬治亞的薩凡納，南卡萊羅納的查理斯敦相繼淪陷。「查理斯敦戰役」（Battle of Charleston）美軍被俘五千五百人，是獨立戰爭中最挫敗的一戰。英軍一路北伐挺進。北卡羅萊納失守，「魏斯豪戰役」（Battle of Waxhaws）投降的維吉尼亞義勇軍，一百一十三名被屠殺，一百五十名被砍重傷。稱為「魏斯豪大屠殺」。接著，維吉尼亞也陷落。從「列星頓康科德戰役」起算，戰爭已進行快六年。黎明前的黑暗即將過去。

（Shutterstock 提供）

拉法葉通知喬治華盛頓和亞歷山大漢彌爾頓，法國人將支持美國人。雕像位於紐澤西的莫里斯敦公園。

一七八一年七月，法國海陸大軍已在紐約

北方和美軍會師。後續增援部隊也在海上。英軍大部分主力部署在維吉尼亞約克鎮。約克鎮是攔腰截斷美軍南北的戰略要衝。紐約到約克鎮約五百九十公里，戰場遙遠。華盛頓原想以三比一的優勢兵力先攻佔紐約，但法軍統帥建議應攻約克，進行主力大決戰。因為，將來援的法軍強大艦隊無法久留。

華盛頓接受建議，將計就計，在紐澤西故佈疑陣，讓部隊反方向行軍，放假消息將攻紐約，誘使紐約英軍主力死守。他親自悄悄率先頭部隊南下。八月，美法聯軍先頭部隊已抵達賓州和馬里蘭。法軍的三千多名海軍增援部隊，正由克萊斯上將（Francois de Grasse）率領從海上直來，封鎖切薩皮克灣（Chesapeake Bay）。

切薩皮克灣是美國面積最大的河口灣。南北長三百公里，深入陸地。最寬約五十公里，最窄約六．四公里。三面被馬里蘭和維吉尼亞的陸地環繞，南面通大西洋。約克鎮就在切薩皮克灣南面出口的西岸。

華盛頓的戰術構想簡單銳利。他統帥美法聯軍主打陸戰，和法國陸軍統帥羅仙波（Count de Rochambeau）並肩作戰。法國海軍艦隊封鎖切薩皮克灣。英軍後援難進，敗軍無路可逃。當英軍警覺華盛頓佯攻紐約的真正意圖後，南下增援。沒想到遭遇到的竟然是擁有二十九艘軍艦的龐大法國艦隊。輕易就被擊退，北退紐約。等到英軍再度增援約克時，戰爭已經結束。

九月上旬，美法聯軍先鋒部隊前進到維吉尼亞，步步進逼威廉斯堡。威廉斯堡是約克鎮的陸路前哨，距離約克鎮約二十公里。約克鎮已被美法聯軍海陸合圍。下旬，美法聯軍主力部隊和各式大砲，全數登陸切薩皮克灣北部，兵力和武器集結完成。聯軍兵力是英軍的一倍。聯軍前進約克，開始縮小包圍圈，所有的大砲在前線部署完成。

十月九日，華盛頓以火柴點砲，誓師攻城。砲擊晝夜不停，戰壕一道道向前挖，戰線不斷推進。十四日，開始進攻英軍主堡壘。十七日，英軍舉白旗求降。十八日雙方談判。十九日簽署投降條約。總共超過八千名英軍被俘擄。獨立戰爭結束。其他的零星戰鬥已無關大局。六年五個月的獨立戰爭結束。一七八三年九月三日，英美《巴黎和約》簽署。長達八年四個多月的美國獨立戰爭正式進入歷史。「獨夫和地獄一樣，難以征服，」潘恩說。

美國獨立戰爭時，華盛頓的北美大陸軍總司令旗。十三顆星代表十三個獨立而聯合的州。

YORKTOWN VICTORY MONUMENT
This monument was authorized by Continental Congress, October 29, 1781, just after the news of surrender reached Philadelphia. Actual construction began 100 years later and was completed in 1884. The original figure of Liberty atop the Victory shaft was severely damaged by lightning. A new work replaced it in 1956. The shaft of Maine granite is 84 feet in height to which Liberty adds another 14 feet.

—維吉尼亞約克鎮勝利紀念碑。

美州的殖民地獨立革命成功，人類踏入新里程。不但影響法國大革命，更掀起全球殖民地革命的兩百年浪潮。五十年內，十五個中南美洲的殖民地獨立。中國在一九一二年獨立。到二十世紀末，殖民地脫離宗主國，已將近一百三十國或地區。其中，香港和澳門沒獨立，回歸中國。新加坡，韓國和台灣都獨立於二戰後。韓國北緯三十八度線以北被共產黨佔領，獨立成為北韓。被日本釋放主權後的台灣和澎湖，成為美國的佔領地，但被中華民國流亡政權佔領至今。

總結說，「台灣主權獨立」，「台灣由戰勝國美國接收」，「被中華民國佔領」，「台灣人透過選舉，間接承認中華民國佔領的合法性」，「全球主要國家都不承認中華民國政府存在世界上」，五種相衝突的現狀構成一個尷尬政權。

台灣的獨立戰爭就是第二次世界大戰的太平洋戰爭。美國人幫忙打完了。台灣需要制憲。要叫「新中華民國」「中華民國二・〇」「中華民國升級版」，還是「台灣」，「台灣共和國」，或什麼名字，台灣人必須做決定。

只是台灣人必須牢記：國名使用「中華民國」，將會遭遇無比的艱難。因為，全世界真正的民主國家，宣戰媾和，承不承認哪個國家，都要經過國會通過。「中華民國」已被「中華人民共和國」取代，早成為各國法律的一部分，明確載入各國正式法律歷史紀錄。台灣人沒權力，也沒能力改變他國的歷史。

「李登輝，陳水扁，馬英九，蔡英文，你最喜歡誰？」寶哥問我。

「歷史不會記得任何總督的名字。」我輕拍他的後頭殼。

33 精彩的制憲故事

We the people 在國家憲法中心的大廳牆上，引導美國憲法的序文。廣場邊走道旁 We the people 的旗幟迎風飄揚。第三個費城故事，我們就從這三個字開場。

一七八七年五月二十五日，費城憲法會議（Constitutional Convention）召開。九月十七日憲法簽署。We the people 就是憲法的頭三個字。平易，氣勢磅礴。

「誰那麼無恥，開頭就自稱人民，自以為能代表人民，而不是代表各州？」派屈克亨利在維吉尼亞的憲法批准大會上，痛批新憲法。新憲法規定須有十三州的三分之二以上批准才生效。新憲法簽署已近九個月，八州通過，讓新憲法生效的第九州難產。紐約和維吉尼亞兩大州抵死不從。

亨利不愧是獨立革命的推動者和雄辯家，從頭三字就能洞悉新憲法的哲學基礎。他是維吉尼亞最受愛戴的政治領袖之一，已當過兩任州長。他繼續發飆：「總統對自由構成的威脅，將會超過喬治三世。」

反對新憲法的人被稱為「反聯邦主義者」。維吉尼亞既是新憲法的主推州，也是反聯

邦主義者的大本營。亨利和喬治梅森是反對派兩大主將。梅森是維吉尼亞的費城憲法會議代表，最後拒絕簽署憲法。亨利早就懷疑憲法會議的意圖，認為會議的目的是要推翻邦聯政府，拒絕當會議代表。維吉尼亞的七人代表團，只有三人簽署憲法：喬治華盛頓，詹姆士麥迪遜和小約翰布萊爾。反聯邦主義者主要反對的就是權力過大的中央政府，和權力過大的政治領袖。

話說回頭。第二屆大陸會議是邦聯政府的架構。沒有總統，沒有強而有力的中央政府。十三州各自獨立，形成一個抗英軍事和外交同

美國憲法起手式 We the people，平易，氣勢磅礴。

盟。英國就是反聯邦主義者最現成的論據：政府權力過大，終會令人憎惡。

「我可能還是會被逼得要造反。我對這樣的政府，充滿蔑視和憎恨。」五十二歲的亨利就是不向新憲法低頭。不罵死，不罷休。堅毅頑強的美國靈魂，亨利絕對是個代表作。

憲法會議的原始目的是要修憲，改革第二屆大陸會議的《邦聯條例》，結果變成制憲會議。《邦聯條例》在一七八一年三月一日，經過十三州批准生效，在運作上出現很多問題。

邦聯政府沒有徵稅權。獨立革命期間政府承諾的軍人退休金，無法支付。政府積欠的債務，無法償還。美國只有大陸軍，沒有海軍，商船航行海外，常被他國海軍和海盜霸凌，扣押，洗劫。沒預算還債，沒軍費建軍。沒最高權力的中央政府，外交政策各搞各的兩岸一家親。

各州關稅不一，總能找到沒關稅的港口卸貨，國際貿易形同任人宰割。各州貧富不均，根據需要自行發行紙鈔，通貨膨脹，物價高漲。人民叛亂，沒有國軍，須央請有強大軍力的州派兵敉平。宗教霸權和宗教迫害在一些州暗藏危機。

詹姆士麥迪遜看在眼裡。他精研法律，古典文學和現代哲學，涉獵政治和歷史。為參加費城憲法會議，他辭去維吉尼亞州議員職務，做好充分準備。

憲法會議舉行前，他多次寫信給喬治華盛頓，說明他的見解，力主把邦聯政府，變成一個擁有全國最高權力的政府。他力請華盛頓出席會議。他認為，華盛頓的出席，將會是會議成敗的最大關鍵。這時的華盛頓已經「功成，名遂，身退」，回到家鄉經營農莊，伴隨著風濕病。

（Shutterstock 提供）

（Shutterstock 提供）

麥迪遜也爭取愛德蒙倫道夫（Edmund Jennings Randolph）的支持。倫道夫是派屈克亨利的繼任者，正在當維吉尼亞州州長。倫道夫在憲法會議中，起初扮演重要角色。最後竟然也是維吉尼亞代表團中的拒簽者之一。制憲工程浩大龐雜，堅持信念，邏輯辯證，利益衝突，時而憤怒，常常疲憊，「偉大的妥協」或「卑鄙的交易」導致不同的結局。

「給我自由或給我死」的派屈克亨利。（右）

美國憲法的設計者：詹姆士麥迪遜。（左）

憲法會議十二州共推派七十四位會議代表，羅德島州缺席。實際上只有五十五位代表報到，平均年齡四十三歲。分齡比例如下：

年齡	人數	分齡比例
20~29 歲	4 位	7.3%
30~39 歲	15 位	27.3%
40~49 歲	21 位	38.2%
50~59 歲	8 位	14.5%
60~69 歲	6 位	10.9%
81 歲	1 位	1.8%

三十到四十九歲是主力，共佔約六十六%。聯邦主義的幾位要角就在其中：麥迪遜三十六歲，吉佛尼莫里斯（Gouverneur Morris）三十五歲，倫道夫三十四歲。亞歷山大漢彌爾頓（Alexander Hamilton）三十二歲，他是紐約代表，約克鎮圍城戰的攻城砲兵指揮官，新憲法後的首任美國財政部長，建立美國中央銀行。他是紐約三人代表團中唯一的憲法簽署人，就是這麼艱辛。和維吉尼亞代表團一樣，早退和拒簽的比簽署的多。倫道夫成為新政府的檢察總長。莫里斯是賓州代表團代表，他在憲法會議上，共發言一百七十三

次。賓州代表團最一致，八名代表全部簽署。

三十歲到五十九歲高達八十％。四十四歲的傑佛遜沒緣參加，他是美國駐法大使，正在巴黎。五十二歲的約翰亞當斯也缺席會議。他是美國駐英大使，正在倫敦。喬治華盛頓五十五歲，他出身農莊大地主，堅毅樸實，氣度不凡。當上大陸軍總司令後，富裕的鄉紳人生開始大變。他所過的非人生活，受盡的折磨屈辱，面對的險惡，克服的艱難，最後打贏獨立戰爭，對國家的貢獻，受人民的擁戴，都不是同僚們所能及。

華盛頓沒有深厚的法學素養，但知識廣博，判斷力卓越，聲望絕頂。他抵達費城時，市民齊聚，禮炮禮槍齊鳴，向這位功動蓋世，卻自動解除總司令軍職，放棄所有政治權力的華盛頓將軍致敬。自由鐘聲大作，響遍費城。恰像《獨立宣言》簽署時的自由鐘響不停。

六十歲以上的只有七位。喬治梅森六十一歲。羅傑謝爾曼六十六歲，他是《獨立宣言》五人起草小組成員，也是美國國父們中，唯一簽署美國四大歷史文件：《獨立宣言》，《大陸盟約》（Continental Association），《邦聯條例》（Articles of Confederation）和《美國憲法》的人。

八十一歲的來頭最嚇人，班傑明富蘭克林。他沒上過幾年學校，卻博學多聞，集科學

家，出版家，印刷商，富商，記者，作家，政治家和外交家於一身。他在美國現實和開國歷史上的地位，使他只需要靜靜坐著或躺在會議現場，就能起到安定作用。直接翻譯成台語，就是：厝裡有大人，不要大小聲。會議期間遇到他生病，就從他家用擔架抬過來。擺著就生力量。「哪裡有自由，那裡就是我的國家。」就是他的名言。

老中青結合地意外完美。老成承先，年輕啟後。老人家傳承歷史經驗和情感，年輕人學著將來要提攜後輩。

會議一開議，全場就一致無異議通過華盛頓當主席。會議全程保密。窗戶全部釘死。門口警衛站崗。討論內容禁止外洩。多年後，麥迪遜說：「如果辯論過程公開，這次的憲法會議，就不會有結果。」麥迪遜是這部制憲大戲

「聯合或者死亡。」一七五四年五月九日，富蘭克林在《賓夕法尼亞公報》上發表這幅畫。蛇的各段落代表十三個殖民地。
圖片：《華盛頓》第四十六頁。鹿橋出版。

的導演兼第一男主角。華盛頓是出品人。富蘭克林算監製。

五月二十九日，倫道夫提出驚人的大膽計畫：立法，司法，行政三權分立。兩院制。國會議員人數根據各州人口比例配置。總統有權否決國會通過的法案。這完全不是修正《邦聯條例》，而是打掉重練，創造新憲法，新政府。計畫出自麥迪遜，由倫道夫提案。

麥迪遜創造的憲法原理是：政府要能控制受統治的人民，又要能自己控制自己。政府依賴人民是最基本的自我控制，更需要有輔助的防範策略。寧可相信制度，不願相信個人。「對政治人物一定要保持相當程度的不信任」這是他的基本信念。

倫道夫的提案後來被稱為「維吉尼亞計畫」。大架構在會議上形成共識。但是，麥迪遜的細節幾乎全被挑戰或否決。他主張兩院國會議員人數根據各州人口，政府才會強而有力。被認為圖利大州。最後折衷成，參議院各州配額相同，眾議院根據人口比例。他反對黑奴買賣，認為「有辱美國品格」。北方代表主張，計算眾議員比例時，應該剔除黑奴。計算聯邦稅分擔時，黑奴要算。黑奴眾多的南方代表，主張正好相反，計算聯邦稅分擔，不算黑奴。算眾議員配額，黑奴要算。

吉佛尼莫里斯就看不慣，他的邏輯最簡單：如果他們是男人，就應該算。如果他們是財產，那麼房子和土地也要計算。難怪他會發言一百七十三次。最後折衷，兩個項目都要算黑奴，每個黑奴等於一個自由人的五分之三。怎麼計算出來的？這是什麼「人被造而平等」？什麼邏輯？不然呢？表決通過。

麥迪遜主張總統任期七年。有人主張三年，最後決議是四年。他主張國會有權否決各州和地方的法律，決議是否決。將近四個月會期，麥迪遜幾乎天天要上場演講，答辯。最多的一天連講七場。八十八場會議，五百六十九次投票都在門窗緊閉的酷署中爭論進行。最後一天，五十五位代表，早退十三位，三十九位簽署新憲法，三位拒簽：喬治梅森，愛德蒙倫道夫和埃爾布里奇格里（Elbridge Thomas Gerry）。格里後來擔任麻薩諸塞州州長和副總統。簽署憲法的代表造就美國聯邦的誕生，反憲法的代表們堅持到底，終於在聯邦第一屆國會通過美國《權利法案》入憲。這是下一個美國憲法故事。

在法國的傑佛遜評價新憲法：「一群如同神明的英雄集結。」

在英國的約翰亞當斯發出驚歎：「建國以來最偉大的成就。」

一百多年後，英國首相威廉格萊斯頓說：「人類智慧在特定時間的最了不起成就。」

主角們怎麼看？

「各位先生，我贊成這個憲法，因為我不認為還有更好的憲法，也因為我不能確定它不是最好的憲法。」富蘭克林。他不加入辯論，靜靜聆聽觀察，適時圓場，鼓舞，祝福。

華盛頓主席也不輕易表達意見。

「這無法由我決定，我也不應該再發表意見鼓吹或反對新憲法。如果它是好的，將來的事實將證明一切。如果它的瑕疵很多，所有的後果就由代表們承擔吧。」他認為這個結果「幾近奇蹟」。

憲法簽署後，故事還沒結束。還有比「憲法會議」會期更長的日子要努力：說服各州州議會通過，寫文章說服選民，形成民意。憲法中心二樓的地面上標示著各州通過憲法的日期。最先通過憲法的八個州：

德拉瓦	1787 年 12 月 7 日
賓夕法尼亞	1787 年 12 月 12 日
紐澤西	1787 年 12 月 18 日
喬治亞	1788 年 1 月 2 日
康乃狄克	1788 年 1 月 9 日
麻薩諸塞	1788 年 2 月 6 日
馬里蘭	1788 年 4 月 28 日
南卡羅來納	1788 年 5 月 23 日

派屈克亨利就是在一七八八年六月的維吉尼亞州議會上，海扁新憲法。大會激辯二十三天，就在這個難分難解的關頭，有事發生。六月十七日，新罕布夏州議會通過。關鍵第九州，憲法生效。維吉尼亞和紐約要自成一國嗎？六月二十一日，維吉尼亞以八十九票對七十九票通過。

七月二十六日，紐約以三十票對二十七票通過。一七八九年三月四日，美國聯邦政府成立。十一月二十一日，北卡羅來納通過。一七九〇年五月二十九日，羅德島州通過。

—一國，一憲，一命運。
憲法中心大廳。

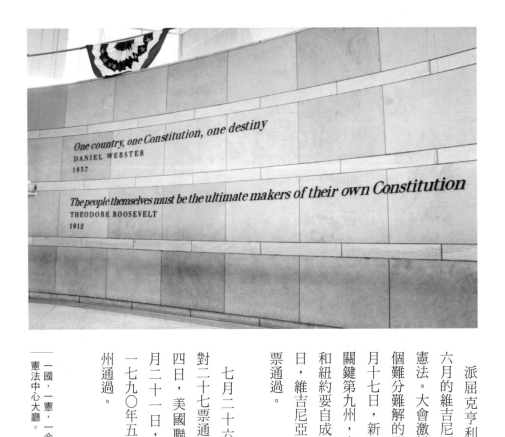

北美十三州全部批准。從憲法簽署的九月十七日起算，歷時兩年八個月又十一天。計自憲法會議開議，差四天就滿三年。各州通過憲法的那一天，就是該州加入美國的日子。美國現有五十州，後進的三十七州也是如此。德拉瓦贏得「第一州」的美稱。傑佛遜在歐洲被問到：

「誰是你心目中當代最偉大的人物？」

「詹姆士麥迪遜是全世界最偉大的人物。」他說。

憲法中心一樓進門的大廳牆壁上，刻著兩個句子。

一是狄奧多羅斯福（老羅斯福）總統，卸任後所說：

人民必須成為他們自己憲法的最終制定者。

The people themselves must be the ultimate makers of their own Constitution.

Theodore Roosevelt 1912

一是擔任過兩任國務卿的美國政治家丹尼爾韋伯斯特：

一國，一憲，一命運。

One country, one Constitution, one destiny.

Daniel Webster 1857

「印象最深刻的是什麼？」問寶哥。

「好多小孩子。他們從小就能接受到憲法教育，真幸福。」

「拍寫啦，我們沒有一部好憲法可以教你們。」我摸摸他的頭。

「沒關係啦，又不是你的錯。」他說。

美國法典彎彎曲曲，驚險牢靠。憲法中心。

34 美國憲法的原創性

紐約市，邦聯政府的最後一個首都，也是美國聯邦政府的第一個首都。

一七八九年三月四日，第一屆美國國會在紐約市華爾街二十六號，原紐約市政廳召開。邦聯政府正式解散，聯邦政府誕生，行憲開始。

美國憲法除序言外，總共只有七條。第一條，優先規範國會主架構和運作主規則。美國的憲法精神，或說立國精神，是國會為尊，議會為大。立法在先，行政依法執行。

憲法第一條規定，國會由參眾兩院組成。參議員每州定額兩名，由各州議會各別選出，任期六年。當選後必須馬上盡量均分成三組，每兩年改選一組。因此，第一屆美國國會參議員，三分之一任期兩年，三分之一任期四年，三分之一任期六年。循環一次後就都是六年。

眾議員任期兩年，以三萬人選出一名為最高人數上限。每州最少應選出一名。在新的人口普查沒有完成前，各州眾議員名額：維吉尼亞十名。賓夕法尼亞八名。麻薩諸塞八名。紐約六名。馬里蘭六名。康乃狄克五名。北卡羅來納五名。南卡羅來納五名。紐澤美國憲法原件影本，一張紙就寫完了。

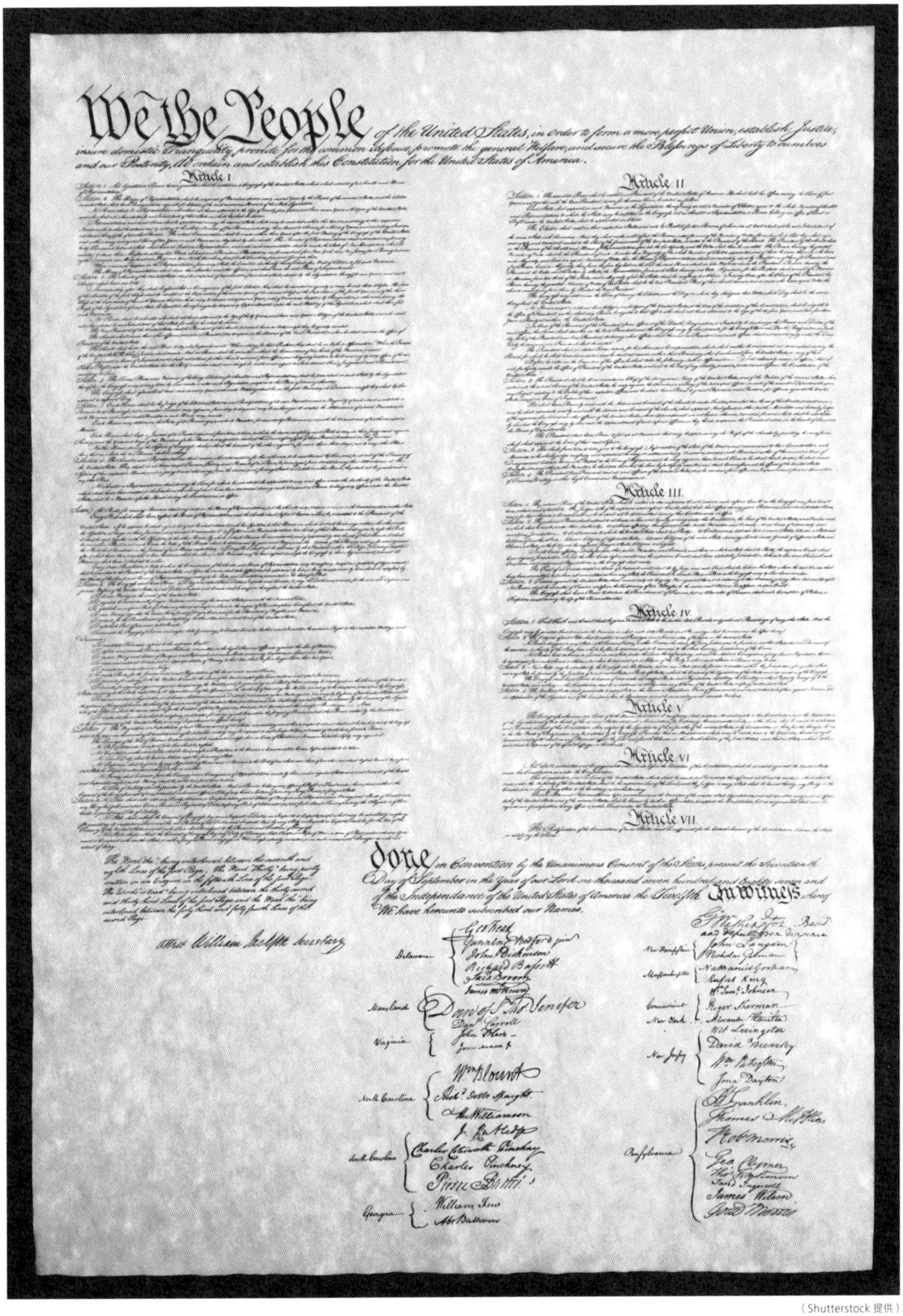

（Shutterstock 提供）

西四名。喬治亞三名。新罕布夏三名。德拉瓦一名。羅德島及普羅維登斯墾殖區一名。共六十五名。

參眾兩院的運作關係，和法案成立的條件，規範明確。無論參院或眾院提出的法案，必須經過兩院都同意，才能送給總統批准後生效。總統如果不批准，就退回原來提案的議院，進行復議。復議須經提案議院三分之二通過，再送另一議院三分之二通過，就成為正式法律。總統必須依法行政。國會兩院以及國會和行政間的互相制衡的根本設計。

參眾兩院的少數特權，也有規定。徵稅的法律只能由眾議院提出。參議院只能提出修正建議，或表示同意。彈劾權屬於參議院。彈劾政府官員茲事體大。由人數較少，代表性較大，任期較長，地位較崇高的參議員審議，相當合理。副總統兼任參議院議長，除非贊成和反對的同票，議長沒有表決權。彈劾總統時，最高法院院長擔任主席。須有出席參議員的三分之二同意，才能定罪。

參議院還擁有憲法沒有賦予眾議院的幾個權力。總統批准條約要參考參議院的意見。總統任用內閣高層官員和大法官，都應經參議院行使同意權。

憲法第二條規範行政權。行政權交付總統，總統任期四年。副總統任期也是四年。總統和副總統由各州選舉人選舉產生。各州選舉人的人數，就是各州在國會參眾兩院的議員總額。

選舉人的選出方式由各州依州議會規定辦理。意思是，怎麼選國會沒意見，依各州州法就行。三種人不能當總統副總統的選舉人：參議員，眾議員和有支薪的政府公職人員。這規定符合利益迴避也符合不讓權力集中於少數人的立憲精神。每位選舉人投兩票。其中至少一票須投給本州以外的候選人。這規定弱化地域主義，也制衡大州。

總統和副總統一起選。每個選舉人在投票單寫上兩個候選人的名字。各州選舉人投票後，簽名認證各候選人的得票單，密封送交參議院議長。參議院議長應在參眾兩院全體議員前，拆封計票。如果只有一人得票超過所有選舉人的半數，就當選總統。如果兩人剛好都半數且同票，就由眾議院投票表決，選出一人當總統。如果沒有人達半數，眾議院應從得票前五名選出總統。

眾議院選總統時，每州以一票計算。必須有三分之二州的議員出席，才達選舉總統的法定人數。總統一樣須獲過半數州的票才當選。總統選出後，再選副總統。得票最高的當選，無須過半數。如果眾議員選舉副總統時，最高票有兩人或以上的同票，就由參議院投票表決。

簡單地說，無論是選舉人選，眾議員選，參議員選，總統一定都要絕對多數。這個設

計保障人民不受少數統治。舉例說，三強競選，四十％選票就可能當選，雖是贏家，卻是四十％統治六十％。這不符合多數統治，容易造成政局不穩。美國總統的選舉人制度是贏者全拿，不會出現少數統治。後進的一些歐洲國家選舉代表國家的總統，則採兩輪制。第一輪如果沒有候選人過半，前兩名再進行第二輪決勝負。

第一任美國總統選舉，十三州只有十州的選舉人票。羅德島和北卡羅萊納還沒通過憲法，沒有選舉權。紐約州陷入政治僵局，沒有選出選舉人。選舉人共有七十三位。馬里蘭和維吉尼亞各有兩位，因為交通和私人因素，沒有出席投票。實際投票六十九位。

華盛頓獲得全數的六十九票，當選總統。約翰亞當斯獲得三十四票，差一票才過半數。不過另外三十五票分散給其他候選人。亞當斯當選副總統。他覺得超丟臉。

四月三十日，華盛頓總統和亞當斯副總統在國會宣誓就職。這場選舉時，美國還沒有政黨政治。華盛頓是「無黨籍」，「聯邦黨人」七位候選人，「反聯邦黨人」兩位。三個引號是特別要指出這只是政治屬性分類，不是政黨的真正名稱。聯邦主義者和反聯邦主義者是嚴重對立的陣營。華盛頓受到兩敵對陣營的共同擁護。

聯邦主義者和反聯邦主義者視同水火。歸結爭議的核心，就是《權利法案》。拒簽憲法的喬治梅森，早在《獨立宣言》前，一七七六年五月就開始起草。六月，維吉尼亞州議會通過《權利法案》。法案後來併入維吉尼亞州憲，總共十六條。

《維吉尼亞權利法案》簡單說，就是明文州的主權和治權都屬於人民，保障人民的權利不受州政府侵犯，也對州政府提出道德性約束。

「所有的權力都屬於人民，也來自人民。官員是他們的受託人和僕人，無論何時都應服從他們。」

「不得要求繳過量保釋金，或判處過重罰金，也不得判處超乎尋常的殘酷刑罰。」

「出版自由是自由的重要保障，絕不能加以限制。」

「任何人都有依據良知，信仰宗教的平等權利」等等。

「必須堅持公正，適中，節制，勤儉和優良品德。」

如此這般。

憲法會議時，反聯邦主義者堅持這些人民的基本權利都應明列在憲法中。憲法會議和憲法州議會批准會議時，他們提出條件，只要列入這些基本人權，就願意支持新憲法。麥迪遜認為不必多此一舉。這些人民的權利，都已涵蓋在憲法條文和憲法精神中，正面表列反而可能對沒明列的形成一種排除。

聯邦政府成立後，麥迪遜終於讓步。政府的組織建構，才要真正開始，他不願反對憲

法的人，到處抨擊新政府。反憲法的人宣稱，沒有這些基本人權明文保障的憲法，就是政府實行暴政。

華盛頓就職一個多月後，麥迪遜提出十二條憲法修正案。眾議院通過其中十條。接著，參眾兩院聯合決議通過。修憲比制憲的門檻更高。憲法第五條明確規範，修憲需要參眾兩院各三分之二的議員提案，或三分之二的州議會提案。修正案應獲得四分之三的州批准。

一七九一年十二月十五日，獲得四分之三的州，十州批准。《美國權利法案》（*United States Bill of Rights*）正式通過。人民擁槍權就是憲法修正案第二條。華盛頓國家林蔭大道的傑佛遜紀念堂旁，就有喬治梅森的紀念公園。唯一簽過美國四大歷史文件的羅傑謝爾曼，最大的貢獻是力主《權利法案》不能插入憲法本文，應該放在憲法後面。這就是美國憲法不修本文，而以憲法修正案補充的來歷。

美國憲法的原創性不在於學理。權力制衡和三權分立的法理，早在英國約翰洛克和法國孟德斯鳩的著作論述中。作為人類的第一部成文憲法，美國憲法是法治國的開端。學理和草根性的緊密結合，更是美國憲法令人驚艷的所在。用台灣學自中國的流行語就是「接地氣」。

憲法不是由全國選出的產官學菁英制定後，就頒佈全國。需要經過三分之二的各州州議會批准，就是一種最高權力殿堂和草根的結合。憲法經過在全國各地宣傳，討論，辯證的過程，更能集思廣益，尊重各地各種利益，提高人民參與感，自然容易深入民眾心裡。憲法在當今美國仍然具有最高信仰的地位，跟接地氣的制憲修憲設計，和憲法教育有必然的關係。

憲法由聯邦和各州分別而共制同修，符合麥迪遜讓政府自己控制自己的憲法哲學。兩院制的運作設計也是如此。制憲和修憲的同意權，小州和大州都是等值一票。參議員大小州都是各兩名。對大州有利的眾議員名額，選舉總統副總統時，一州一票，不分大小。

留白是美國憲法的另一個特點。最高原則確立後，細節不多說，留下廣闊的空間，給後人繼續增補。負面看，可能留下一些後遺症。正面看，讓憲法減少許多不必急於一時的爭議，也不必限制許多未來的可能性。未來不是人類所能完全預見。細節多容易造成過時，更容易造成未來可能修憲時，重寫本文。美國憲法的留白，使得美國憲法本文至今不曾更動，只由憲法修正案補充。《權利法案》十條就是首開憲法修正案。憲法一次搞定，不如久久增修一條，顯得和人民更親近。

美國憲法至少擁有三個幸運。第一幸運的是，憲法先於政黨成立。沒有國王和政黨的利益操控。第二個幸運是，立憲的開國國父們不是純學者。他們既有深厚的法學基礎，

也實際從事政治，也幾乎都具有革命家的精神和膽識。憲法學理基礎，草根經歷和經驗，堅持信念的理想性，和克服艱險的革命家性格，四合一的特質發明出美國憲法。第三個幸運是喬治華盛頓。他「一生清廉無暇，美名澄澈如鏡」「為所當為，從不居功」。如果對照中華民國憲法，和中南美洲的獨裁者，這三種幸運，就更形難得。

旅行前，正好有個機會，幫寶哥的十幾個學長姐，簡說「中華民國憲法」。十六七歲，還在讀高中的他們，大概聽我解說半小時後，其中幾位就開始生悶氣。

中華民國憲法前言只有短短五十幾個字，卻全不堪解構。首句：「中華民國國民大會受全體國民之付託」。國民大會早就廢除。這憲法還成立嗎？全體國民的付託？台灣不管是人口八百萬，或一千四百萬，或現在的兩千三百四十萬人民，有誰付託過？

前言第二句：「依據孫中山先生創立中華民國的遺教」。中華民國是孫中山創造的嗎？一個國家是一個人有能力創造的嗎？國父必然是複數，不是單數。遺教是什麼？遺囑？日記？寫過的文章？演講逐字稿？國家為什麼要根據一個人的遺教去立憲呢？怎麼根據呢？

前言的結束：「制定本憲法，頒行全國，永矢咸遵。」憲法是要修的或要增刪的，哪來什麼永遠要遵守的？

五十幾個字，幾乎全由謊言和錯言組成。

中華民國憲法第一章總綱第一條：「中華民國基於三民主義，為民有民治民享之民主共和國。」第二章人民之權利義務，第十一條「人民有言論，講學，著作及出版的自由。」第十三條「人民有信仰宗教之自由。」第十四條「人民有集會及結社的自由。」

既然人民有言論和學術以及信仰自由，為什麼非信仰三民主義不可？不信仰三民主義的人算不算國民？還是算叛國？還是人民的這些自由都必須合乎三民主義？人民集會結社反對三民主義，是自由？還是違憲？憲法的邏輯讓人疑惑。

中華民國憲法沒有美國憲法的幸運。因為產生的年代，先有行政權，大軍閥控制國會。先有黨，根據執政黨利益，制定憲法。才有這麼明顯的以黨領國的憲法出現。「黨國」到二十一世紀的今天，台灣人讀起來還是很平常。

就憲法的實施，中華民國憲法在當年蔣家戒嚴時期，被臨時條款架空。有能凌駕憲法的條款和法律嗎？民主時代的台灣，憲法還能凍結領土和人民。沒有土地和人民還成什麼憲法？

五權憲法就是三權分立的山寨版。考試院竊據行政權，安撫科舉制度下的利益團夥。

國民大會和立法院，號稱兩院，卻完全背離兩院制互相制衡的基本原理。監察院侵犯司法權和立法調查權，是東廠的現代版。

中華民國憲法經不起三十分鐘的檢驗。就像立憲後不到三年，就失去九十九．九九%國土的命運。落伍兩百五十年的憲法，就是台灣政治的最大亂源。對中華民國憲法不抓狂，卻在意誰當總統，只有一個解釋：頭殼壞掉。

「我們用現行的憲法是不是就註定和中國勾勾纏的命運？」寶哥問。

「我們這一代爭民權，你們這一代要制定新憲法。」

（Shutterstock 提供）

（Shutterstock 提供）

（Shutterstock 提供）

圖庫網址：
http://www.napoleon-empire.net/iconographie/billet_madison_us-tableaux.php?dansletitre=Billet%20de%205000%20USD%20à%20l%27effigie%20de%20James%20Madison

一元美鈔人像：喬治華盛頓。

他是美國歷史地位最崇高的人物，對美國的影響就像一美元鈔票一樣，人人都會用到。

二元美鈔人像：湯瑪士傑佛遜。

《獨立宣言》中的「人被造而平等」是美國人最熟悉的句子。他知名度的普及性，可能僅次於華盛頓。

百元美鈔人像：班傑明富蘭克林。

富蘭克林是美國獨立革命的先驅，一直為美國奮戰到憲法簽署。他也是個成功的發明家和實業家，是財富的象徵。

百元美鈔是民間普遍流通的最大鈔票面額。

五千元美鈔人像：詹姆士麥迪遜。

五千元美鈔民間很少使用，流通在金融高層體系，一如美國憲法的珍貴，影響著美國政治的高層和深層。

（由上至下）

（Shutterstock 提供）

第二篇

建國/建軍

立法，行政，司法三位一體，
三權分立，構成政府的三大支柱，是美式民主的原型。
政治人物的謙卑，就是自我節制權力，回歸憲法的本意和本質。
憲法的本意就是人民和政府簽訂的公僕服務契約。
本質就是制衡和分權。

華盛頓特區國會大廈。

35 遷都華盛頓的條件交換

獨立，制憲，建國三部曲是條漫漫長路。華盛頓就職總統，萬民擁戴。自己卻感前途茫茫。行政部門開始設計建制，沒人沒錢沒組織。

國會通過成立財政部，華盛頓邀請漢彌爾頓擔任財政部長。漢彌爾頓要發債券清償國債，國會支持。要清償國內債務的部分，國會反對。戰爭期間發行的國內公債，大部分的持有人都已廉價賣出，換取基本生活費用。計畫的獲益者不是農夫，軍人，小商人這些原始持有者，而是有錢炒作的投機客。這對南方不公平，南方重農，北方多商。

一七九〇年三月，傑佛遜就任華盛頓總統的第一任國務卿。國務卿主要處理外交事務。傑佛遜在當駐法大使，享受巴黎生活，不想回國墜入政壇惡鬥。最後，在華盛頓一再敦請，麥迪遜鼓舞下，才屈從「國家的意志力」，返國就職。是的。華盛頓總統就任十一個月還沒有國務卿。

漢彌爾頓要建立中央銀行，穩固政府財政。傑佛遜和麥迪遜都認為，建立中央銀行違憲，反對到底。憲法制定時，麥迪遜主張中央政府要強有力，此刻又擔憂政府掌權又掌錢。就心態上，麥迪遜認為漢彌爾頓一直偏袒北方，他不願意新政府向貴族傾斜。漢彌爾頓則堅信，獲得有錢有勢的人士支持，才是新政府成功的保證。

南北的爭議重點還有一個：美國永久首都的設置。首都設在紐約，對南方不公平。傑佛遜邀請漢彌爾頓和麥迪遜到家裡晚餐。終於達成協議。漢彌爾頓支持首都南遷。傑佛遜和麥迪遜支持財政計畫。計畫小修，聯邦政府負責清償各州債務。給大州維吉尼亞一點小甜頭。

一七九〇年七月，相關法案全通過。遷都的法案是《長駐法案》（Residence Act of 1790），全名是《建立暫時和永久的美國政府座落地法案》（An Act for establishing the temporary and permanent seat of the Government of the United States）。明確指出要在波多馬克河沿岸建立永久首都。授權華盛頓任命專人監督計畫進行，限期在一八〇〇年完成。興建時，首都先從紐約搬到費城。七月十六日，華盛頓簽署法案。

紐約的首都時代在十二月五日結束。十二月六日首都南遷費城。一七九一年，國會通過漢彌爾頓的中央銀行提案，華盛頓總統簽署。

美國立憲時只有聯邦主義者和反聯邦主義者的理念對陣。經過國政實際運作後，政策理念和政治利益衝突，政黨已隱然形成。華盛頓的第一個任期內，亞當斯和漢彌爾頓的支持者被稱為「聯邦黨人」（Federalists）。傑佛遜和麥迪遜的支持者被稱為「民主

黨人」（Democrats），或「共和黨人」（Republicans），或「民主共和黨人」（Democratic-Republicans）。為閱讀方便，本書在這個時代的敘事中，就統一用「共和黨」和「聯邦黨」。現在美國的「共和黨」和「民主黨」都還是未來式。

一七九四年，華盛頓第二任期中，兩陣營都已在全國建立組織。兩黨都沒有黨慶紀念日，沒有建黨儀式，不知道哪一天建黨的。可能是華盛頓老大在，不敢明目張膽，只能暗暗做。

華盛頓總統任期中，歐洲出現大變局。一七八九年法國大革命，一七九三年法國建立共和，路易十六被送上斷頭台。路易十六在美國獨立戰爭中，不但正式承認美國，更派出大軍援助。美法聯軍在約克鎮結束獨立戰爭。這等恩義，美國要怎麼面對？

傑佛遜和麥迪遜都認為法國大革命的意識，和美國獨立革命是一脈相傳。他們支持法國大革命，祝福法國能成功建立新政府。亞當斯和漢彌爾頓則希望和英國結盟。英法交戰中，華盛頓宣佈保持中立。親英派的亞當斯和漢彌爾頓支持。

麥迪遜對華盛頓無法諒解。他公開為文駁斥華盛頓。麥迪遜認為宣戰是憲法明訂的國會權力。根據這邏輯，無論是宣戰，媾和，或中立，只有國會有權力。麥迪遜並不反對中立政策的本身，他反對的是依據憲法的嚴謹解釋，總統沒有宣佈中立的權力。

但是，就像當年憲法會議時，麥迪遜的許多提案都被修正或否決一樣。國會支持華盛頓總統。

這位儼然是憲法守護神的憲法之父麥迪遜說：「美國以最審慎無私的態度，嚴守中立國義務，贏得交戰國的尊重，基於正義的原則，維繫和平，確實是全國的光榮。」事實並非如此和平。英法兩強開戰，海上航行被限制和封鎖。一七九三年到一七九四年間，華盛頓總統任內，就有六百艘美國船隻被英法兩國扣押。

一七九四年，英美《傑伊條約》（*Jay Treaty*）簽訂。英國拒絕尊重中立國的航海權，只同意撤除北美的軍事據點。全權代表傑伊竟然簽署，還同意償還獨立戰爭爆發以來，美國欠英國的債務。自己派的全權談判代表，後果自己負責。華盛頓總統只好爭取國會支持。國會以些微的差距通過《傑伊條約》。漢彌爾頓說：「和平已得到保障。」用現在的台灣流行語，亞當斯和漢彌爾頓的聯邦黨被共和黨抨擊為親英，舔英，賣美集團，喪權辱國。

（Shutterstock 提供）

美國第二任總統約翰亞當斯，沒有連任。

和平從來不因和約。先有和平才有和約。沒有和平的和約，只是戰爭前的欺敵。和平沒有因為《傑伊條約》的讓步而來臨。法國最恨之入骨，開始大量劫掠美國船隻，進行外交報復。（編按：一九三四年一月二十六日《德波互不侵犯條約》。保證雙方不以武力而用和平方式解決爭端，十年內互不侵犯，互相尊重領土和主權。一九三九年九月一日，德國突襲波蘭，二次世界大戰正式爆發。）

一七九六年總統選舉，憲法沒有規範總統任期，以華盛頓的道德形象和威望，「他想當多久，就可以當多久。」華盛頓堅拒三連任。傑佛遜對戰亞當斯。亞當斯勝出，傑佛遜第二高票。這下可好。總統聯邦黨，副總統共和黨。財政和外交政策，兩黨繼續惡鬥不休。

亞當斯總統派談判代表到法國交涉。法國鳥都不鳥。最後開出價碼，要美國先支付二十五萬美金，才見美國代表團。要法國不攻擊美國船隻，要付六百萬美元。連執政的聯邦黨也抓狂，主張對法國宣戰。

一七九八年，國會授權逮捕法國的武裝船隻，終止和法國經貿往來。亞當斯總統宣布進入備戰。他請華盛頓再度出馬統帥陸軍。華盛頓表示願意，條件是漢彌爾頓要當副統帥。亞當斯不從。他認為漢彌爾頓是親英派的真正領袖。萬一軍權在握，難保不會成為英國在美國的「特首」。亞當斯沒這麼說。他只說，美國會變成英國在海外的一個省。

進入備戰狀態。《外僑管理和鎮壓叛亂法》通過，亞當斯總統簽署。規定戰爭期間，美國可以監禁交戰國人民。總統有權將認為有危險的人驅逐出境。對美國和美國政府及總統構成毀謗的言論要罰款等。《徵稅法案》上場，建軍備戰。親英的《傑伊條約》演變到要和法國宣戰。

亞當斯和漢彌爾頓衝突激烈。亞當斯指控漢彌爾頓親英賣美。漢彌爾頓說亞當斯「令人作嘔的自我主義」。漢彌爾頓批評亞當斯的信流傳在政黨領袖間，還被印成小冊子，公開散發。

一八〇〇年的總統選舉，聯邦黨分裂，亞當斯總統沒有連任成功。副總統傑佛遜當選總統。麥迪遜出任國務卿。傑佛遜恢復美國的中立政策。換英國不爽，公然綁架美國商船水手。本來親英的聯邦黨痛斥政府無能，要求對英宣戰。傑佛遜嚴守中立政策，撐過第一個任期。

一八〇四年，傑佛遜連任成功。一八〇七年，英國豹子號在維吉尼亞外海，攔截美國海軍切薩皮克號，開火殺死四位美軍，多位受傷。全國憤怒，要求對英宣戰。一肚子火從《傑伊條約》忍到現在。傑佛遜還是選擇低調處理。美國海軍才剛起步，他還不想跟世界海上霸主作戰。

國會通過《禁運法案》（*Embargo Acts*），禁止和英法兩國貿易，因應危機。但是，全國要求作戰，作戰，作戰。傑佛遜還是鼓足勇氣撐住，不能戰就是不能戰，直到兩任八年任滿。

一八〇八年，麥迪遜當選總統。他一路當傑佛遜的國務卿，深知外交政策的種種。禁運政策已造成貿易重大損失。外銷總金額從一八〇七年的一億八百萬美元，滑落到一八〇八年的兩千二百萬美元。衰退約八十%。新英格蘭地區的商人開始走私橫行。一八〇九年初，國會取消《禁運法案》，以《不接觸法案》（Non-intercourse Act）代替，縮小禁運範圍。

一八〇九年三月四日，麥迪遜就職美國總統。外交仍是美國連續四任總統的最大頭痛。一八一〇年五月，國會通過《馬康第二號法案》（*Macon's Bill No.2*），取代《不接觸法案》。法案表明英法兩國，只要不再扣押美國船隻，美國就恢復貿易往來。法國表示歡迎。英國仍拒絕改變。美國恢復對法通商，仍對英國實施禁運。但是，法國還是扣押美國船隻。麥迪遜只能視而不見。英國則對美法貿易進行封鎖。

一八一一年，共和黨的眾議院領袖，議長亨利柯雷（Henry Clay），和新任眾議員卡爾霍恩（John Caldwell Calhoun），主張對英宣戰，奪取英國的加拿大，彌補美國受到的經濟迫害和損失。他們的呼聲獲得極大迴響，被封為「戰鷹」（War hawk）。親英的聯邦黨則極力反戰。

一八一二年六月一日，麥迪遜要求國會對英宣戰。眾院以七十九票對四十九票通過。參院以十九票對十三票通過。一週後，英國表示願意對恢復通商做有條件讓步。但是，已來不及，美國已經向全球第一強國英國宣戰了。

一八一三年戰爭初期，美國海軍和陸軍都一敗塗地。英國軍艦在美國海岸來去自如，輕而易舉地封鎖美國港口。陸軍更慘，北方的英軍燒掉紐約州的水牛城。一八一四年，拿破崙在歐洲戰敗。英軍全力對付美國。一萬四千名經驗豐富的精銳部隊投入美國戰場，從加拿大南下。

八月，英國軍艦出現在波多馬克河河口。波多馬克河流經首都華盛頓，南流注入切薩皮克灣。切薩皮克灣這次沒有法國艦隊護航封鎖，英軍長驅直入。八月二十四日，紅衫軍攻陷華盛頓。總統麥迪遜和國務卿門羅，以及大部分的政府官員都出逃。英軍火燒華盛頓。國會，總統官邸，和其他政府機構全被燒毀，只有專利局倖存。

把華盛頓燒個精光後，英軍海陸分兵，北進馬里蘭。門羅被任命為臨時代理戰爭部長，擬定巴爾的摩保衛計畫。巴爾的摩在華盛頓北方約六十公里處，是馬里蘭最大的城市。英美兩軍在巴爾的摩交戰。英軍陸軍指揮官陣亡，攻勢受阻。海軍在麥克亨利堡遭

到頑抗。沒有海軍護衛，陸軍打不得。英軍撤兵。

北方戰線，一萬一千名從加拿大南攻的主力部隊，在紐約州的普利次堡（Plattsburg），被三千三百名美軍痛宰。南方戰線，英軍八千名進攻紐奧良。安德魯傑克遜（Andrew Jackson）率領約四千五百名正規軍和民兵迎戰，缺槍缺彈藥，後來獲得武器強大的海盜軍援，痛擊英軍。英軍傷亡一千五百五十人。美軍死傷四十三人。傑克遜一戰成名。「大海賊」電影描述的就是這段故事。

魏斯豪大屠殺時，傑克遜就是驚嚇在現場的一位目擊者，當時他十三歲。他對英軍痛恨至極，發誓要替死難的人復仇。他的大哥死於那場戰役。他和哥哥羅伯在場小衝突中被捕。一位英國軍官要他擦靴子，他拒絕。軍官佩刀揮出砍向他的頭。小男孩抬手擋住，手傷見骨。這個疤痕讓他永遠記住對英軍的血海深仇。他爸爸是愛爾蘭移民，從小就告訴他英國人是怎麼對待愛爾蘭人。

「紐奧良戰役」（Battle of New Orleans）或許多餘，或許重要無比。十幾天前的一八一四年聖誕夜，麥迪遜派出的和平談判團已在比利時的根特和英國簽訂和約，雙方宣布停戰。「紐奧良戰役」讓和約順利執行。如果紐奧良被英軍拿下，和約難說是否會生變。傑克遜成為自華盛頓以來，最受美國人愛戴的新英雄，成為美國第七位總統。

和平來臨。美國人再一次證明獨立的決心和信心。親英反戰的聯邦黨徹底崩潰，從此在美國國家級政治舞台消失。

（Shutterstock 提供）

（Shutterstock 提供）

十元美鈔人像：
創建美國中央銀行的亞歷山大漢彌爾頓。（上）

二十元美鈔人像：
美國民主黨的創立者安德魯傑克遜總統。（下）

36 二十一世紀的全球帝國首都

二十一世紀的紐約市。華爾街二十六號，華盛頓就職總統的地方，已經成為聯邦國家紀念堂。四十號是當今美國總統川普所有。我們旅行時川普正在為競選總統奮鬥。

華爾街和百老匯大道的交口附近，有個木球綠地（Bowlirg Green），「華爾街銅牛」雕塑超人氣。公牛重達三千兩百公斤，原來放在華爾街上。華爾街的漢文翻譯，典雅華麗。事實上 Wall Street 是牆街，短而窄。「華爾街銅牛」想來也是故意抗議，幹嘛讓華爾街人過不去。後來被警察沒收，移置現址。銅牛人氣滿滿，牛頭和牛角被摸得閃亮。渾身是勁，牛氣逼人，伺機衝撞。美國人的牛氣，建國國父們個個都是範例。川普的氣質和銅牛幾分接近。

紐約市是「世界經濟和文化首都」。天際線可能是一種最平民化的解讀。六百英尺（一百八十三公尺）以上的摩天大樓一百一十三座。五百英尺（一百五十二公尺）以上的有

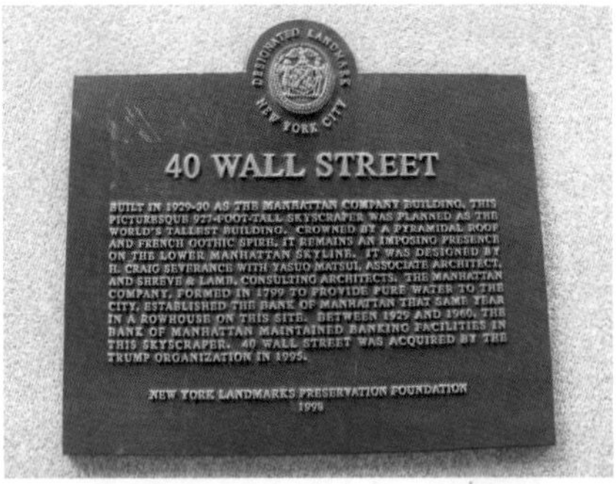

—華爾街四十號是川普大樓。

（Shutterstock 提供）

兩百四十一座。這種量體使得追求世界第一高建築的城市，顯得單薄。紐約市的摩天大樓絕大多數集中在曼哈頓島。華爾街，帝國大廈，時代廣場，洛克斐勒中心，卡內基大樓，克萊斯勒大廈，世界貿易中心大樓，中央公園都在曼哈頓島上。紐約的天際線可能是人類史上，最壯麗的集體自由創作，特別是夜晚亮燈時。

如果曾旅行倫敦，北京和莫斯科，可能就更能感受這「世界經濟和文化首都」的氣勢。倫敦的建築橫向發展，以四到六層的平房（flat）為主。倫敦的一棟高級平房，可能面寬幾十公尺，甚至百公尺。下雪天或下雨天在倫敦找景點，找地址，很辛苦。紐約 building，向上發展。二十六號到四十號只要走一分鐘。倫敦的十四號間要走多久，難估算。倫敦比較像個優雅的老紳士。

｜華爾街銅牛，牛氣逼人。

一街道狹窄的華爾街。

「比高風」正興盛在亞洲。中國的幾個主要城市，超過五六百公尺的高樓一座接一座，共同的特色是造型既怪且醜。建築，尤其是高樓建築，正是經濟，科技和文化的最具體表徵。中國比較像個沒文化氣質的暴發戶。莫斯科的地鐵站和紅場都絕美，流露一種帝王般的華麗和孤傲。想起華盛頓的一句話：對藝術的鼓舞，是每個好國民對國家應盡的義務。

華爾街和世貿中心都在曼哈頓的下城。兩地間走路只需約十分鐘。世界貿易中心一號大樓在九一一事件後重建，二〇一四年完工，是全美最高的大樓，一七七六英尺，牢記《獨立宣言》的年度。

世貿中心一號樓，線條簡潔流線，明亮的三角鑽石切面，驅動著未來感。九一一紀念博物館建在世貿中心被飛機撞毀的雙塔遺址旁。二〇〇一年九月十一日上午，恐怖份子劫持四架民航機，在上午八點四十六分到九點三十七分間，分別撞入兩棟世貿大樓，和五角大廈。第四架飛機飛向華盛頓特區途中，遭到抵抗，十點零三分墜毀。兩千九百七十七人死難和失蹤。加上一九九三年，世貿中心爆炸案的六名被害人，總數兩千九百八十三人。

一世貿中心九一一紀念。

兩千九百八十三個姓名刻在兩個大方形水池的大理石牆上。包括班機旅客和組員，以及訪客和員工。北池的姓名是北塔的死難者。南池的是南塔和五角大廈，以及被阻止班機的死難者。姓名的排列不依字母順序，而是考量死難者遇難時的位置，紀念著他們在人生最後一刻可能在一起的同事，鄰居，和鄰座。

大理石牆上插著幾朵橘色玫瑰，倒映在大理石上。四周種有四百棵樹，還有一棵當時的劫後餘生樹（Survivor Tree）。這棵白梨樹被發現

（Shutterstock 提供）

時，樹根嚴重折斷和焚燒，樹枝斷裂，經過移植和復育已復活。重回紀念館，象徵重生的希望和見證。

世貿中心被撞毀時，地面下的地鐵路線也崩塌。車站已改建，設計奇特，像展開的白色大翅膀，有點白色鳳凰浴火重生的感覺。旅行紐約時，車站還沒完工，四周到處是施工圍籬。如今已經開放啟用。

卡內基大樓，洛克菲勒中心，時代廣場都在曼哈頓的中城。洛克斐勒中心是繼華爾街後的第二個紐約市中心。中城的幾個名景點間，也都只各約十分鐘的步程。

一九一一後重建的白鳳凰車站（The Oculus）。

安德魯卡內基是他那年代的美國「鋼鐵大王」，財富只少於同時代的老洛克斐勒。「一個人死的時候，如果擁有鉅額財富，就是一種恥辱。」他是美國富豪把慈善當成人生職志的先行者。影響美國後世富豪們的人生終極價值，包括比爾蓋茲和股神巴菲特。

老約翰洛克斐勒創辦美國標準石油公司，歷史上第一位億萬富豪，全球首富。「石油大王」廣為人知。一九二〇年代末到一九三〇年代，全球經濟大蕭條。他唯一的兒子小約翰洛克斐勒獨力撐起紐約第二個市中心的建築計畫。

約兩萬七千坪的基地上，蓋出十四棟古典風格的摩天大樓，九年完成。這也是一個美國價值體系的產物。價格和價值的關係，在美國有著長期的交互競合。價格可以短期炒作，但終會回歸價值。簡單的舉例很多。美國的手機，網路，戰鬥機，航空母艦都是。價值創造價格是不變的基礎。

星巴克咖啡貴得要死，卻全球連鎖。我們旅行到任何地方，要喝咖啡，帥哥助理就一定要先找星巴克，蒐集不同的星巴克馬克杯，就是個例子。低價搶生意的公司，就算盛況空前，也早已注定失敗的未來。長期看，任何利益都無法凌駕美國的立憲價值。國會決議要對中國改變戰略地位，「美國製造」成為新政策，美國公司都得遵守。

一個富豪構想在大蕭條中，提供工作機會給大眾。夥伴撤資，他面臨窘境，但要帶

給美國人信心的價值信念，堅定他的意志。三四十年後，洛克斐勒中心才有能力再蓋出幾棟的現代風格大樓。雖然，洛克斐勒中心早已易主。對公眾而言，樓主是誰不重要。洛克斐勒中心的建築群，已非第一市中心的華爾街所能比。建築師開創新觀念，開創市中心建築群中，供大眾使用的廣大開放性公共空間。台北市的這種城市建築觀念興於近二十年。紐約市則在約百年前就開始。

「努力賺錢，努力存錢，努力捐獻」是老洛克斐勒的人生價值標竿。洛克斐勒中心的摩天大樓圍起一個方形戶外大開放公共空間，擺滿餐桌，四周環繞著一國國的國旗。噴水池上幾個金色的雕塑。刻著小洛克斐勒的十大信念「我相信」(I Believe)。舉例兩條：

我相信
承諾的神聖性是，一個人的話就如同契約，
這種特質才是最高價值，不是財富，權力，或職位。
我相信
給予有用的服務，是人類的普遍責任。
只有純淨的犧牲之火，才能燒毀自私的殘渣，
人類崇高的靈魂，才能獲得自由。

台灣人傳承中國人「富不過三代」的致命暗示。中式和台式富豪就缺乏美國富豪的價

（Shutterstock 提供）

熨斗大廈。基地在三條路的交會處，宛如熨斗，又如乘風破浪的船頭。

值觀氣質。

熨斗大廈，或許是個有趣的小指標，也在中城，距離帝國大廈約十分鐘步程。高度現在看來尋常，二十二層。一九〇二年建成。基地在三條路的交會處，一塊三角地。如果用台灣現代企業主的價值觀，價格和產值的最高考量下，可能沒與趣投資，更不可能建成宛如熨斗，又如乘風破浪的船頭。建築是經濟指標，更是文化指標和價值指標。

Catherine 和阿寶靠在一起查旅遊地圖。走很多路，肚子餓，口有點渴。隨便買些飲料和食物，順便

休息，口濕肚飽，繼續往北走。

中央公園大致是曼哈頓上城的南界，也是我們在紐約旅行的最北點。以北的洋基棒球場，哥倫比亞大學，格蘭特將軍紀念館，漢彌爾頓莊園國家紀念館等等計畫中的景點，全放棄。九十天要跑完美國本土四十八州，紐約市只能分到三夜兩天。

漢彌爾頓的人生故事超富戲劇性。他最鍾愛的長子為維護父親名譽，死於決鬥。這位約克鎮圍城戰的美國大英雄，美國中央銀行堅定的創建者，也和兒子一樣，在決鬥中身亡。他和同黨的另外一個領袖亞當斯極度不和，導致聯邦黨分裂，讓傑佛遜當選總統。不見容於黨內外，漢彌爾頓選擇以死明志。「漢彌爾頓擁有英雄，貴族，騎士的高貴和如詩的神秘風格。」老羅斯福總統。「槍法不好，不要找理由。」Catherine 說。漢彌爾頓決鬥身亡的消息震撼全國。舉國哀悼，僅次於華盛頓去世時。美國牛隻隻都顯得與眾不同。

中央公園常是電影和小說中謀殺案，強暴案，和搶劫案

一曼哈頓找路二人組。

（Shutterstock 提供）

的事發地點。從五十九街的南面入口進去一點點，就被眼前美景吸引。看出公園，前景是綠色草地，樹和湖水，背景是一棟棟各有建築特色的摩天大樓。優雅，生活化和現代感是莫斯科和北京所沒有的。世界文化首都的優雅氣勢。樹蔭下，草地上，岩石上都有人坐著休息，看書，或飲食。

「還要進去嗎？」問旅伴們。他們遲疑中。

中央公園是個長方形公園，十三個大安森林公園大。南起五十九街，北到一百一十街，寬約八百公尺，長四公里。大家一聽全腿軟，回頭才是王道。

｜紐約中央公園俯瞰圖。

37 美國夢的歷史性奇蹟

南回曼哈頓中城。帝國大廈是所有世界最高建築中，保持王座最久的。現在排名不斷落後，卻仍是紐約不能取代的歷史地標。每到特殊節日，尖頂上的紅綠燈光，向四方照射，宛如一座曼哈頓中的璀璨燈塔。帝國大廈到時代廣場約走十分鐘。

時代廣場傍晚開始熱場。鮮豔炫麗的巨大電子廣告招牌閃亮四方，畫面輪次變化。飲料，手機，金融服務的廣告最多。行人從各方湧入。根本無法辨識眼前走過的人來自何處，走向何處。八百種語言在紐約被經常性使用，這數據或有助於想像「世界經濟和文化首都」的萬邦來朝。

紐約原是「新荷蘭」（New Nederland）。一六六四年被英格蘭約克郡的移民取代，變成「新約克」（New York）。約克是英格蘭北方重鎮。紐澤西是「新澤西」（New Jersey）。澤西島在英吉利海峽中。「新澤西」的一部分曾是「新瑞典」（Nya Sverige）的殖民地。「新瑞典」的故事我們南回到威爾明頓再說。無論懷念故土的強度如何，老美的歐洲早期移民，以建立一個新家園為目標。台灣的中國地名很多，就是少個「新」字。

華盛頓在紐約就職總統前後，整個紐約州人口不到五萬人。二〇一八年，紐約市人口

紐約摩天樓群。

（Shutterstock 提供）

超過八百六十二萬人。約三十七％的市民在國外出生。如果北京和台北各有超過三分之一的「非中生」，或「非台生」人口，不知道會是什麼世界？

紐約市的歐裔白人約占三十五％，是最大族裔。細分族裔，四捨五入，排序如下：義大利裔五十六萬，愛爾蘭裔三十九萬，德裔二十五萬，俄裔二十二萬，波蘭裔二十萬。英國裔十四萬。其他依序是：希臘裔和法國裔各六萬五，匈牙利裔六萬，烏克蘭裔五萬五，蘇格蘭裔三萬五。北歐的挪威裔和瑞典裔各兩萬。蘇格蘭-愛爾蘭裔，威爾斯裔，葡萄牙裔，捷克裔，和立匈宛裔，都各約一萬多。英國裔最多只佔歐裔白人的十六分之一。「新約克」早就變成「新歐洲」。

族裔繼續融入增長。非裔和拉丁裔黑人約二十六％，超過兩百二十萬人。亞裔人口將近十三％，約一百一十萬。華裔是亞裔的最大支，約六十萬。印度裔居次，約二十萬。兩者都遠超英國裔。接著依序排列是：韓裔，菲裔，孟加拉裔，巴基斯坦裔，日裔和越裔。亞裔總人口約是英國裔的八倍。還有拉丁裔白人，波多黎各人等等。英國裔只約佔紐約人口的一．六％。一個族群融合的歷史大奇蹟。

美國成為民族的大熔爐，紐約市是個代表作。民族主義不是紐約人的思維模式。經濟成長和經濟需求，是帶動城市發展和移民的主動力。但是，美國和紐約的「大蘋果」奇蹟，卻有宗教自由的深厚基底。

（Shutterstock 提供）

宗教自由是美國民主的最深層價值。一六二〇年，五月花號清教徒是最典型的代表。他們逃離宗教迫害，尋找宗教自由樂土。北美殖民地早期仍有不同宗教間的紛爭和排他暴行，但終以宗教自由為美國建國立憲的基本共識。愛爾蘭大饑荒造成的移民美國潮，是英格蘭統治愛爾蘭的掠奪和宗教歧視併發症。

台灣人可能就是現成的見證者和實踐者。許多台灣人到中國經商或受僱，但是移民中國的少，家在台灣的多。就是因廣義的宗教自由。共產黨就是宗教。中國沒有宗教自由。宗教歧視的國家，在台灣和美國價值中都很難被普遍真正認同。

｜紐約時代廣場。

找到戶外咖啡座。寶哥被七八個身穿不同鮮豔色彩玩偶裝的人吸引，立刻上前拍照。拍完照後，竟然站在他們中間合影。這小笨蛋。我在十公尺外看著這一幕。合影完，他不見了。被團團圍住。二三十秒鐘後，他脫身，回到座位。一臉鬱卒。

「給多少？」

「十塊錢。」

「還好啦。就當作給街頭藝人小費。沒關係。」

「就是不爽啊。是他們主動要拉我拍照的。如果先說拍照要錢，我才不要。」台灣小帥哥心靈創傷，在街頭光天化日下被霸凌，美金十元贖身。

「你怎麼不去救我。」

「我站起來盯著現場看，有準備要去救你。」

「為什麼不救？」

「我哪知你撐不到一分鐘就掏錢。」

「好。」他說。不知道有沒有省略「你給我記得。」

一個裸體的年輕人，最吸引路人目光。上身赤裸，下身藍色丁字褲，一雙白長襪，直到屁股。白長襪頭是藍紅藍三條線。腳上穿著白色麵包鞋。頭上紮著藍白紅羽毛。走過的路人約半數回頭，看漂亮臀部。一邊是白色大寫字N，一邊是白色大寫字Y。是男是女？當然都不是。要怎麼叫，不清楚。紐約是全美同性戀最多，也是以色列外猶太人最多的城市。紐約的猶太人約六十萬。

「喜歡紐約嗎？」問 Catherine。

「不喜歡。」她說：「人太多。」她在看飲料單。

「真的嗎？」

「比東京多。」

「真的嗎？寶哥谷歌一下。換個心情。」

——吸引路人的ＮＹ。

經過寶哥谷歌結果，數據上並非如此。紐約市區人口約八百六十二萬，東京都區部人口約九百萬。東京都會區人口約三千七百萬，紐約都會區約兩千萬。紐約市每平方公里約一萬零六百人，東京區部約一萬五千人。就上班和旅遊人口，小紐約也似乎沒理由比大東京多。

「紐約人就是比東京多。」凱小姐還是堅持。

東京人可能是比較整齊，上班族穿的都是類似式樣和顏色的服裝，外來觀光客亞洲人居多，長相和日本人差不多。走起路來，很有秩序。紐約可能是族群混雜的程度，讓人眼花。走路像華爾街銅牛，所以看起來人比東京多？

「不是。」直覺女王說。這就難倒我們一對傻瓜師徒。

「怎麼辦？」寶哥問我。我說我哪知。

突然想到，請寶哥谷歌一下身高體重。美國男性平均體重八十八公斤，日本男性六十一公斤。美國女性七十五公斤，日本女性五十一公斤。男性，美國人均肉重比日本多四十四%。女性，美國人均肉重比日本多四十七%。

──紐約路邊攤。

準確地說，這不是純粹肉的比較，還包括骨頭。四捨五入。十八歲的美國男性平均身高一百七十七公分，日本男性一百七十一公分。美男比日男高三・五%。美國女性一百六十四公分，日本女性一百五十八公分。美女比日女高三・八%。身高和體重兩相比較，可看出美國人比日本人胖很多。請寶哥把兩市人均體重和人口乘一下。

「男女比例怎麼算？」

「平均除以二就好。在玩，又不是做研究。」

「好。」

計算結果，東京區部人口總重量約五億四百萬公斤。紐約市總人口體重約七億零九十萬公斤。紐約市人口的總重量的確比東京都區部多太多。

凱小姐點評：「用眼睛看就知道，還要用計算機算嗎？不累嗎？你們要喝什麼？」我和寶哥都說要喝蠻牛。

38 橋和隧道建構的紐約市

曼哈頓島（Manhattan）不是四面環海，也不是孤立在河中或湖中。西面是哈德遜河（Hudson River）下游和出海口的東岸。北端是史派坦代佛溪（Spuyten Duyvil Creek）和哈林河（Harlem River）的南岸。哈林河大略是西北東南流，下接東河（East River）。曼哈頓在東河西岸。東河是連結紐約灣和長島灣的短海峽。航海的年代，四面水道經貿上得天獨厚，軍事上首當其衝。

橋樑和隧道是紐約現代化的開路先鋒。哈德遜河的對岸是紐澤西州，陸路往東往南的必經之處。哈林河的對面是布朗克斯（The Bronx），連接美洲大陸。東河的對岸是長島（Long Island）。長島是個略成西南東北走向的島。橫長一百九十公里，南北寬約二三十公里。島上有兩個紐約市的行政區。西南部是布魯克林區（Brooklyn），其他是皇后區（Queens），皇后區內有個「長島市」（Long Island City）。

布魯克林是紐約市人口最多的行政區，皇后區人口第二多。長島的人口高占紐約市總人口的五十六%。長島隔海灣的西南方是史泰登島（Staten Island）。橋和河底隧道，把被水域分隔的紐約市五個行政區，連結一體。

（Shutterstock 提供）

紐約市的橋和隧道總共超過八十座。一千公尺以上的長橋和長隧道共約三十個。布魯克林大橋帶頭，一條條大橋和隧道把曼哈頓和長島更緊密結合。布魯克林大橋是紐約的歷史地標。還好當年沒這些橋和隧道，不然華盛頓從布魯克林夜渡曼哈頓落跑，會被窮追猛打，可能跑不掉。

二十世紀的前二十年，是紐約建長橋和長隧道的第一波高峰。第二波高峰在全球經濟大蕭條中和前後。「大蕭條」的窄義是一九二九年到一九三九年。紐約市在前後的十三年中，十一個長橋或長隧道通車。洛克斐勒中心也在同期建築和

一華盛頓大橋橫跨哈德遜河。

（Shutterstock 提供）

布魯克林大橋（左）與曼哈頓大橋（右）

完工。公共建設和擴大民間投資是不景氣的解方。處處勞動的場景存在於經濟蕭條中。時代已經不同。台灣現在的公共建設主要勞動力是外勞。科技大廠的民間投資，經濟數據漂亮，但市民普遍無感。

旅行一路上，聽到，看到，感受到的是中國人在美加紐澳，甚至歐洲大買房。看似正面的中國繁榮訊息，過度了卻是資金出走，中國衰退的預告。類似股票市場，很多人買股票是好的，菜籃族一個個投入時，就要準備落跑。

皇后區的族裔已經四分天下。拉丁裔，歐裔白人，亞裔，和黑人或非裔人口都接近四分之一。如果用地緣和語言的相關性比較，亞裔人口外移紐約或美國可說最嚴重。亞裔人口領頭羊就來自中國。中國城（China Town）在紐約已是複數，總共有九個，居民總人口約八十萬，三個在皇后區。中國城的居民以中國南方人為主，如港澳福建，還有台灣人和其他族群。

根據聯合國「二〇一八世界移民報告」，統計到二〇一五年，美國累計的移民移入總數約四千七百萬人。中國移出的移民總數約一千萬人，增速驚人。中國人在美國和世界其他各國越來越多，是中國經濟的危險訊號。

反過來看台灣。台灣正遭遇半世紀來最棘手的經濟問題。三十年來，中國崛起，台灣的資金和工廠被磁吸。台灣接單，中國製造，造成台灣GDP虛胖。政府陷入治國錯覺，誤判和中國往來越密切，台灣經濟會越好。頂多只是依賴度較高。漂亮經濟數據的背後，或許正和事實脫節。

救經濟，不是救數據。兩者互有關係，卻是完全不同的經濟戰略。優先要救的是窮人和中下階級。台灣的經濟問題，歸結到終極，就是薪資過低。薪資不具國際競爭力，或只是無法和鄰國相比。這將產生至少五種致命性。第一，人才外流。特別是具有國際語言和溝通能力的年輕人才。第二，人力外流，年輕人只要敢出國門，隨便打工，省吃儉用，就勝過留在台灣從事低薪工作。第三，難以吸引國外的台灣人才和外國人才。第四，出國旅行和留學的成本，相對於低薪資，變得很高。第五，年輕人買不起房子。

這五種現象，不但是經濟問題，更是國家安全問題。當台灣年輕人失去希望，失去國家的歸屬感，失去國家的光榮感，台灣就很難避免菲律賓化。菲律賓就是低薪，出國賺錢的勞工都是大學生。

提高薪資才是台灣經濟的最高戰略，甚至是唯一的戰略，而不是施捨式或政策買票式的補貼。這也不是「香蕉只能買猴子」或「猴子只配吃香蕉」的對立嘲諷和互相指責。真實的現況就是：薪資過低，薪資缺乏競爭力，不管是不是猴子，都在吃香蕉。比較好的也只是香蕉加兩瓣橘子。如果還在提高基本工資的幾塊或幾十塊中爭執，誰當總統，

誰國會過半，真的不重要，重要的是誰能夠解決戰略性問題。

「如果立法規定，投標和承包大小工程的所有廠商，起薪不能少於月薪新台幣六萬元。你們要去工作嗎？」三位台灣人都搶著要，不管是工地還是辦公室。公共工程的價格當比民間企業更好，一則政府是最大的公司，二則不是以營利為目的，三則要建立品質標準。給好價格是天公地道。政府帶頭給公務員加薪，是自肥，無助於改變台灣的低薪危機。透過立法權和行政權，改造制度，逐步擴大影響力。總之，拼經濟的核心就是集中一切資源，打敗低薪。

我們住在布魯克林的一間旅館，就在中國城旁，常去中式餐廳交關。進出曼哈頓就搭地鐵。地鐵站走路到旅館約五分鐘。地鐵到曼哈頓下城和中城，只要十五到三十分鐘。

紐約地鐵的品質比不上台北捷運。這是後進優越。紐約市的高架軌道和地鐵，分別已經是一百五十六歲和一百一十五歲的祖輩級。台北市的捷運一九九六年開通，還在二十來歲的青年期。一個精力充沛，陽光閃耀。一個已證明耐磨和耐操。

紐約地鐵的方便性優於台北捷運，這是長期的累積。紐約地鐵營運總里程約一千零六十二公里，車站四百二十五個。台北捷運的營運里程約一百三十一公里，約是紐約地鐵的十二．三%。這不只是城市面積造成的結果，而是行政區的規劃格局。台北市，

（Shutterstock 提供）

新北市和基隆市，如果三合一，台北捷運的發展，可能會超過紐約地鐵。

紐約把分離的島塊連結。完整的台北盆地卻被好幾個一級行政區割裂。島嶼國家的首都不臨海是怪事。台北市，新北市和基隆市各自為政是蠢事。台灣人喜歡拿國民黨政府和日本殖民地時代相比，總覺得日本優秀，事實上，台澎六都十四縣市，就是日本封建遺風的階級意識，人生而歧視。

紐約的維拉札諾海峽（Verrazzano-Narrows）大橋，跨海連結布魯克林區和史泰登島。是美國至今最長

──維拉札諾橋連結史泰登島和長島。

的懸吊橋。用台灣現在公共工程建設的價值思維，這橋大概很難通過經濟效益評估。建橋時的史泰登島人口只有約二十二萬，現在也只有四十八萬。政府要有成本觀念，但公平正義是更上位價值。公共建設的優先目標，是要讓全國人民享有最基本的平等公共建設品質。經濟效益評估在這前提下才能立足。

美國五十州，州州都有州際公路，無論再偏遠。台灣的東部，以及台灣頭的基隆和台灣尾的屏東，交通品質宛如第三世界。

「不論政府權力太多或太少，人民的自由都一樣面臨危險。」這是麥迪遜的最大關心和憂慮。他不想政府落入兩個極端：「太少的人獲得太多的權力，太多的人獲得太少的權力。」這是他設計憲法的基本理念之一。

回看台灣七十年來的政治發展，仍然同時深陷兩個極端中，第一個極端特別明顯和危害台灣發展。誰當總統都一樣權力一把抓，不分政黨。大到政府的小圈圈決策。小到總統都要兼黨主席，還說得出「黨政同步」這種不知恥，愚弄人民的假話。什麼叫「黨政同步」？是「黨國一體」的兄弟？黨和政府是兩個完全不同的主體，完全不同的權力來源，怎麼可能同步？怎麼可以同步？一手抓政權，一手抓黨權，才是真正的白話。

「太少的人，擁有太多的權力」就是台灣政府最高層，和政府各專業領域中的現實。

交通和財經可能就是其中最突出的部門。太少的人分享權力就會成幫成圈，在同溫層的慣性思維中因循，難以產生戰略性的創造和改變。

做大才知謙卑。夢想遠大，難做完。競爭者個個強手，要學的還很多。做小容易自大，四年任期可以什麼事都不做，安然度過。一個市長經過民選，晉身總統，風險很高。就類似美國大學棒球明星球員，沒有經過小聯盟，直接就上大聯盟。水淺難免王八多。

台灣人需要一座座靈魂的橋樑，開放更大的治理空間，才能循序漸進，培養治國人才，解放百年來的禁錮心靈。

39 小個體大雄心的常春藤：普林斯頓

再見了，紐約。紐約是我們東部旅行的最北點。五月上旬的新英格蘭地區，或有融雪未盡，萬一卡在山路，風景就不美麗。新格蘭六州等旅行的最後階段再拜訪。

南回巴爾的摩和華盛頓ＤＣ。中途暫停紐澤西的兩個小鎮，和德拉瓦的威爾明頓。紐澤西小鎮愛迪生（Edison），人口約十萬人。有個中國城，亞裔人口約四萬三千人，高占四十三％。小鎮約一百四十年前改變人類的夜世界。第一條有電燈的街道出現。愛迪生發明電燈，留聲機和攝影機的實驗室在門洛帕克（Menlo Park）。「發明大王」當年一句：讓那裡亮（Let there be light）。那裡的房地產可能一夜暴漲。純屬台式猜想。

「現代世界的誕生地」門洛帕克，就在樹林邊的一個小小公園。不見服務人員，空蕩蕩的一間小屋。超級大燈泡立在小徑邊，還有愛迪生的彩色畫像紀念碑。問路人，說是週日和週一休館。

車子南行約一小時出頭，就到普林斯頓（Princeton），三萬人口的紐澤西小鎮，美國常見的鄉間大學城。普林斯頓大學的教職員和學生，超過一萬名。居民和師生比，約三比一。紐約州立大學賓漢頓校區居民和師生比約二・八比一。石溪校區更是比例大反轉。

居民和師生比將近約一比二。地大，人少，師生多的學習好環境。

綠色地面的校園運動場邊，黑底白字的大寫字PRINCETON，大氣搶眼。運動場的圍籬黑底橘線上，三個白字橫走：Education Through Athletics。教育透過運動競技。黑橘白是普林斯頓的顏色識別。

體育是五育之首。人類的教育就從體育開始。最先學吃奶，學爬，學走。然後學丟玩具，學自己擦屁股，學做家事。學用石頭丟小鳥小狗，會跑步後，就可以學丟標槍打山豬，學射箭打飛鳥和小鹿，小白兔。純屬古早情節。現在台灣的政治人物不抱隻寵物亮相，好像就不入世。媚俗。

體育就是美國「常春藤聯盟」（Ivy League）的發動者。美國東北

「現代世界的誕生地」門洛帕克。（上）

普林斯頓大學運動場：教育透過運動競技。（下）

部在殖民地時代，有七所頂尖的私立學院或大學。成立的年代都遠早於《獨立宣言》。依序是哈佛，耶魯，賓大，普林斯頓，哥倫比亞，布朗，達特茅斯。美國南北戰爭結束後，一八六五年康乃爾。一八六九年開始，每位普林斯頓的畢業生，都要在牆上種棵長春藤。長春藤的意涵就是小個體，大雄心，像常春藤爬滿各地。

一九三〇年代，這些名校校刊編輯們出現組個聯盟的呼聲。一九四五年，八校教練簽署「常春藤協議」。一九五四年，從美式足球擴張到其他運動，「常春藤聯盟」正式成立。

普林斯頓大學是研究型大學。研究生占約三分之二，擁有六十五位諾貝爾獎得主，生師比五比一。二〇一七年和二〇一八年，「美國新聞與世界報導」（U.S. News World Report）全美大學排名，普林斯頓蟬聯第一。麥迪遜就是出自這裡。「依上帝之力而繁榮」是校訓。「為國家服務，為所有的國家服務」是使命。

｜普林斯頓大學城。

普林斯頓校園歐風古典美。美麗典雅，如置身歐洲古堡群。處處圓拱門和圓錐尖頂，棟棟古老，各有風情。穿過布萊爾拱門，宛如秘境。老樹青翠，綠草如茵。淺磚色牆配銀灰屋頂，當是王公貴族或富豪，至少是校長的宅邸。問個女學生，說是宿舍。

拿騷廳（Nassau Hall）綠藤滿牆。這裡曾被華盛頓總司令砲擊。「普林斯頓戰役」中，華盛頓為奪回被英軍佔領的普林斯頓學院，猛轟校園。獨立戰爭結束後，約四百名大陸軍叛變，鄰近響應。共約五百名大陸軍圍攻費城州廳，要討戰爭期間政府的欠薪。政府落跑。拿騷廳成為政府的臨時辦公地點，約四個半月後再南遷安納波利斯。

常春藤：小個體，大雄心。

「為國家服務，為所有的國家服務」是普林斯頓大學的任務。

普林斯頓的傳統是重白輕黑，重男輕女。一九四五年才有第一個黑人學生。一九六九年開始錄取女生。新風氣早已來臨，目前的男女學生比約是五十一比四十九，高於美國大學的平均性別比例。根據美國國家教育統計中心的數據，二〇一八年全美的學院和大學，男學生約八百七十萬，約佔四十四％，女學生約一千一百二十萬，約佔五十六％。

普林斯頓學生的族裔分布是，白人四十七％，亞裔二十％，國際學生十一％，黑人或非裔美國人和西班牙裔白人，各約八％。美州印第安人和夏威夷原住民及太平洋島民，全部掛零。

族裔背景是美國大學錄取學生的重要參考之一，稱為《平權法案》。《磅礡美國》書中描述加州透過修憲，取消《平權法案》的錄取原則。而後，又引起墨亞修憲大戰。簡單地說，《平權法案》是給弱勢者的優惠，避免造成實質上的歧視，類似台灣的原住民保障名額。近年最轟動美國的是「費雪對奧斯汀德州大學」（Fisher v. University of Texas）。

費雪在二〇〇八年，因為是白人，所以沒被奧斯汀的德州大學錄取。她認為優惠特定種族的錄取政策違憲。就這樣一路訴訟。年年有進度，次次皆敗訴。費雪屢敗屢戰。最後，案子進到美國聯邦最高法院。二〇一五年的聽審會，群眾在最高法院外面排隊。二〇一六年總統大選年，總統候選人得對本案的最高法院判決發表意見。聯邦最高法院九位大法官，一個剛過世，一個利益迴避。七位大法官投票，四比三。判決德州大學的錄取政策合憲。能把大法官們的法律見解搞得這麼分歧，真是不簡單。總之，「平等」和「歧視」在美國仍是眾所矚目，表示歧視仍在，平等的追求繼續前進。

美國大學名校還有個錄取政策，讓亞裔學生最頭痛。就是成績外的「人格特質」評分。二〇一八年換哈佛大學中獎。哈佛被控歧視亞裔。二〇〇〇年到二〇一五年，亞裔的筆試成績勇冠其他族裔。但「人格特質」被評量為所有族裔的最後一名，降低錄取率。哈佛主張這是包容多元價值，亞裔主張這是違憲歧視，訴訟才剛開始。

站在窮人的立場，名校的高學費可能才是最致命的歧視。普林斯頓大學的經濟援助計畫，是辦校特色。六十%的學生至少享有一種經濟援助。獎學金和助學金主要來自三方面：聯邦政府，州政府和機構。二〇一七年領獎助學金的研究生有三千多人，約佔五十八%。平均每人可領得四萬七千四百一十三美元，約一百四十七萬元新台幣。

獎學金和助學金每年總計約相當四十六億新台幣。其中聯邦政府約新台幣一．五億元，只佔約三．三%。州政府約新台幣兩千萬元，只占〇．四%。由普林斯頓大學直接頒給學生的機構獎助學金合新台幣約四十三億。占獎助學金總額約九十三．六%。由機構發給學生，不透過學校的約新台幣一億兩千萬元，占二．六%。超過九十六%的獎助學金來自機構。

機構獎助學金的十五・二％發給外國學生。研究所的外國學生最高，平均每人每年四萬九千六百四十三元，約一百五十四萬新台幣。這項經援每年總計約六億六千萬新台幣。約有四百二十七名外國研究生受惠。這是國力，校力和企業力的國外長期播種深耕。教育是百年大計，一年四百人，百年四萬人，如果這樣的學校五十間，就有兩百萬個美國育成的菁英散遍全世界。

聯邦政府對全美，州政府對全州，獎助學金的總額和平均遠遜機構經援。聯邦政府的研究生助學金，平均每年每位將近新台幣二十萬元。州政府助學金的頒發對象最少，金額比聯邦高。平均每年每位約二十六萬新台幣。

領有佩爾助學金（Pell Grants）的研究所學生，約佔十六％。平均每人每年約當新台幣十四萬元。佩爾助學金用台灣的概念，叫做清寒獎學金。幫助家庭貧窮的學生。合計大學部受惠學生達二十一％，超過五分之一。佩爾助學金總平均每年每位學生將近十五萬新台幣。

普林斯頓大學的經濟援助計畫特色下，只有約十分之一的學生有學貸。然而，無論有沒有獎助學金，有沒有學生貸款，同樣的普林斯頓大學畢業生，決定人生的不在畢業成績，而決定在家庭背景和社會關係，和機運。這和任何大學的畢業生沒有太大的不同。

美國的高等教育也面臨嚴酷的挑戰，盛極而衰的臨界點早已來臨。根據美國教育部發布的統計，美國有高中和大學學歷的比例，已約九十%。大學學歷和以上的成長更驚人，二〇一七年已超過人口的三分之一，約三十四・二%。

在二〇一四年到二〇一六年間，看到的美國大學畢業生和就業關係的數據和經驗描述，都相當負面：缺乏職場倫理，沒有工作經驗，缺乏溝通和人際交往技巧。無法團隊工作，沒有整合力，沒有創新力等等。總結言之，千禧年世代就是具有技術代溝。失業人口多，但職場找不到適合的就業人口，最後乾脆就不挑剔，沒工作經驗的也要。如果剔除特別的資訊，實在難分清是在說美國，還是說台灣。

數據會說話，也會騙人。數據統計於變化成形後。這之前，數據沒有能力告訴人。根據OECD公布的二〇一五年教育統計資料，OECD三十五國的數據，二十五歲到三十四歲年齡層中，受過高等教育的平均值是四十一・八%。美國是四十六・五%。法國四十四・七%。德國二十九・六%。台灣勇冠全球，七十一・六%，是德國的二・四倍。

台灣看似正面數據，但是，我問過的大學教授和學生，大都是負面解讀。學生學習品質普遍低落。如果從經濟和就業的角度看，當前約一百三十萬的台灣大學生，如果有一半是假讀書真失業。約六十五萬的人口加上去，台灣的失業人口將直逼一百一十萬人，

失業率超過九％。

美國的公私立大學形象，和台灣正好相反。美國的頂尖名校幾乎都是私立。只有少數幾家公立大學排名前列。學校年度總經費，教授人數和資歷，生師比，學校歷史和教學設備，都有可合理評比的數據。公立大學看分數GPA錄取學生，私立更看重學生的綜合能力。這些都是科學有據。難定論的是辦學動機。

普林斯頓的使命是「為國家服務，為所有的國家服務」。台灣大學的校訓是「敦品勵學，愛國愛人」，好像和我小學的校訓差不多。清華大學的校訓是「自強不息，厚德愛物」，這根本不需要讀大學。台灣的鄉下人就是這樣子。交通大學是「知新致遠，崇實篤行」，這個是國二的公民與道德。政治大學是「親愛精誠」，這個校訓大概通行於中小學，甚至能包括幼稚園。

台灣私立大學的大量興起，恐怕是為辦校人服務，為學校賺錢。捐大錢給學校，也意在強化企業佈局。高等教育不是為提高學生個人畢業後的謀生競爭力而存在。大學university的字源是universe，原意就是研究萬物萬象的宇宙。哈佛校長德魯佛斯特（Drew Faust），說得最白話。她在對二〇二一年畢業班致詞時，引用哈佛化學教授，藝術和科學學院院長傑瑞米克諾斯（Jeremy Knowles）的一句話，強調大學對知識和真理的追求：「大學最重要的目標是，確保畢業的學生，當有人在胡扯時能分辨。」現在台灣大學生熱門的批踢踢八卦版卻是胡說八道的最大本營。

被譽為二十世紀最聰明的人類愛因斯坦說：「教育就是當一個人把在學校學的全部忘光後，剩下來的東西。」說法不同，意思相通。

「少子化對大學的影響是什麼？」寶哥問。

「很好啊。降低生師比。」

「很多大學會關門。想讀大學的沒學校讀。很多教授會失業。」

「很好啊。我們就不太需要引進外勞。」

「幹，你這樣說，會被全台灣罵到臭頭。」助理問：「台灣高等教育的希望在哪裡？」

「等台灣有某所私立大學超越台大時，才表示台灣社會有實力討論這個問題。」台灣的公立大學校長和教授，似乎學術成就和道德勇氣正好成反比。道德勇氣就是學術倫理的最高表現和基底。

「救人喔。」帥哥助理卡羅斯說。

40 信用卡首都：威爾明頓

州際九十五號，過費城，南下威爾明頓（Wilmington），德拉瓦州（State of Delaware）的第一大都市。德拉瓦是美國面積第二小的州，比台灣面積的六分之一略多。

政經分離的美國城市佈局，從人口就略可看出。信手簡單舉例：威爾明頓人口七萬多，首府多佛人口只有三萬多。紐約八百六十二萬人，首都華盛頓特區約六十五萬人。中西部密蘇里州第一大城堪薩斯市人口約四十八萬，首府傑佛遜市人口約四萬。

威明爾頓有兩個響亮的暱稱：「世界化工首都」和「世界信用卡首都」。小州小市大名頭。聽起來有點衝突。一個是旅人卻步，一個是旅人隨身物。不過，信用卡是化工產製。

威爾明頓是殖民地時代「新瑞典」的行政中心。「新瑞典」殖民地奪自「新荷蘭」，約和荷蘭在台灣同期。一六二四年到一六六二年間，荷蘭在台灣。「新瑞典」在一六三八年到一六五五年間。一六五五年，又被「新荷蘭」搶回，直到一六七四年，「新荷蘭」才告終結。殖民者母國的興衰，決定殖民者在殖民地的最終命運。台灣人承襲中國史觀，用漢人史觀看世界，是愚民教育的起點。

話說，德拉瓦有個赫赫有名的杜邦家族（Du Pont）。一八〇二年，法國裔的老老杜邦們成立杜邦火藥。一九一五年改組成杜邦公司，主要產品是化學，塑膠，橡膠。開創二十世紀聚合物革命。「科學的奇蹟」是杜邦公司的標語。

一九八五年，杜邦公司決定在台灣彰濱工業區投資一億六千萬美金設廠。政府極力歡迎於先，居民強烈反對和杯葛於後。一九八六年，「鹿港反杜邦」運動掀起高潮。最後，杜邦計畫終止，撤資。「鹿港反杜邦」被認為是台灣經濟發展的一個分水嶺。經濟掛帥，環保閃邊的舊價值翻轉。環保成為台灣的新興顯學。外國公司在台灣的設廠投資停滯。那是個資訊封鎖的戒嚴年代。

事實上，一九五四年，靠著政府扶持和美國貸款援助，創立的台塑公司，早在一九七八年就在紐澤西成立美國台塑，並在德拉瓦設廠。一九八六年，杜邦遭封殺的同年，台塑的六輕已獲得核准通過。隨後，六輕擇定在宜蘭建廠，受到陳定南和游錫堃前後兩任縣長，結合民意，堅決拒絕。台塑轉而選定雲林縣麥寮外海填海造陸。

鑒於鹿港反杜邦和宜蘭反六輕的經驗，六輕進入雲林以萬民歡迎的聲勢開場。反六輕的地方力量不敵中央和地方政府的全力協助和配合。一九九四年六輕在雲林縣開工。

三十幾年已過。同是當年窮鄉的宜蘭縣和雲林縣，呈現完全不同的發展經驗。雲林縣

長期一直人口嚴重流失，家戶平均所得在台灣二十個縣市中越排越後，只略多於離島的澎湖縣，排名倒數第二。宜蘭縣人口微幅成長，家戶平均可支配所得已在中段班，排名十一，領先苗栗，彰化，南投，雲林，嘉義，屏東，花蓮，台東和澎湖等縣。和排名第十的台南市，一年只差一千三百六十九元。

人口增減

	雲林縣	宜蘭縣
年度	1985	
人口數	791,186	449,981
年度	2018/11	
人口數	686,674	455,376
增減	-104,512	+5,400
增減百分比	-13.2%	+1.2%

家戶可支配所得增減

	雲林縣	宜蘭縣
年度	1985	
金額	236,666	279,590
年度	2017	
金額	745,074	901,167
縣市排名	19	11

統計數據是事實的結果，人民最直接的生活感受，才是統計數據的源頭。顯然地，雲林縣越來越不適合居住和生活。假日進出宜蘭多年來一直狂塞車。

兩縣我都熟悉。宜蘭是出生地。雲林二十個市鎮鄉都走過。過去三十年的發展不同，是標準所致。陳定南和游錫堃兩任縣長，無論在堅拒六輕的環保意識，或是開國際標的公共建設，甚至是清廉嚴謹的政治風格，都是國際標準的見識，建立起宜蘭縣追求未來的標準高度。這是雲林縣的主體價值中所不曾被彰顯的。

反杜邦和反六輕，訴求上有個不同元素。反六輕是反污染。反杜邦多一項反帝國主義的經濟掠奪。事實上，能被冠上資本主義的企業，早就是跨國公司，無關帝國不帝國。

人類的帝國殖民史，從陸基帝國開始。帝國以大陸為根據地，征服同一個陸塊，或臨近的部族和國族。漢帝國，唐帝國，阿拉伯帝國，蒙古帝國，羅馬帝國，清帝國都是。海基帝國繼之。西班牙，葡萄牙，荷蘭，比利時，瑞典，英國，法國等島嶼國家和臨海國家，以武力，航海技術，和貿易手段，征服殖民地，掠奪資源，輸出新而強勢的政經統治體制。全球化的殖民時代來臨。

美國獨立革命成功，是帝國主義，或說是舊帝國主義的喪鐘。帝國主義的理論和分類很多。如果用征服的交通工具劃分，陸基帝國是第一波，海基帝國是第二波，飛基帝國是第三波，網路帝國將是第四波。

第一波帝國要土地，要人民，要資源。第二波帝國大致相同，順位不太一樣。資源優先，人民第二，土地搬不走。第二次世界大戰後，飛基帝國開始，空優最具戰時和平時的關鍵優勢。第三波帝國不要土地，不要人民，只要戰略基地和市場。第三波帝國還沒走完，第四波帝國還沒成型。

回到德拉瓦。台塑的德拉瓦廠是長期反污染的監測重要對象，一再被政府罰款，終於停產關廠，結束四十年的德拉瓦時光。台塑的伊利諾廠早在二〇〇四年發生爆炸，五人死亡後關廠。美國台塑的主要生產基地在德州。二〇一九年再投資路易斯安那九十四億美金。兩州都在偏遠的美國南方。

德拉瓦的經濟轉型和老老杜邦們無關。皮特杜邦（Pete du Pont）生於一九三五年，還健在。他是個律師，早年在杜邦公司服務，擔任過六年聯邦眾議員，後來連任德拉瓦州長。杜邦州長簽署《德拉瓦金融中心發展法》（*Delaware Financial Center Development Act*）。這個惠商法案，特別針對大型銀行和金融機構。重點有幾個：

准許外州銀行控股公司以德拉瓦作為在國內和國際的交易中心。取消銀行向客戶收取的合法利率上限。准許銀行調整信貸條款。大幅度降低公司稅率。大銀行的稅率比小銀行的稅率低等等。

法案雖然政治不正確，造成很大反彈，但對大型金融機構深具激勵性。影響最大的是大銀行的信用卡業務。利息沒上限，願者上鉤。公司年度盈利低於兩千萬美元的，稅率八．七%。高於三千萬美元的只要二．七%。紐約市現在的州銷售稅是十二%，地方銷售稅是十三．八%，合計二十五．八%。

法案簽署後的隔年，就有十一家美國主要銀行進駐。現在，半數的美國信用卡從德拉瓦發出，威爾明頓成為信用卡首都。約五十％的美國上市公司，約六十％的財星五百大公司及全球約九十萬家公司，登記在德拉瓦這個稅務避風港。

德拉瓦的金融服務機構就業人數約四萬七千名，相當於威爾明頓人口的三分之二，約是首府多佛人口的一．三倍。德拉瓦是美國現在的五個免稅州之一。

美國憲法體制中，留給各州各顯神通的廣闊空間。德拉瓦的經濟轉型是個典型。事實上，南達科塔州先一年取消信用卡利率上限。但是，德拉瓦具有地緣優勢的競爭力。北距經濟首都紐約只約兩百公里，南距國家首都華盛頓特區只約一百六十公里。

「你們要去南達科塔設公司，上班嗎？」問兩位年輕人。

卡羅斯帥哥滑滑手機。回報南達科塔的最大都市蘇瀑，到華爾街約兩千兩百公里，到華盛頓特區約兩千多公里。

「老闆你自己去。」他說。

傍晚的威爾明頓，街景冷清。市區繞一圈，黑人的比例偏高。南方近了。

41 美國國歌的誕生地：麥克亨利堡

喔，在黎明的晨光中，你可以看到
我們自豪地在薄暮的最後亮光中歡呼
寬闊的線條和明亮的星星穿過險惡的戰爭
O, say can you see by the dawn's early light
What so proudly we hailed at the twilight's last gleaming?
Whose broad stripes and bright stars thru the perilous fight,

美國國歌的起首三句。再訪巴爾的摩（Baltimore），美國國歌的誕生地。馬里蘭州（State of Maryland）的第一大都市，威爾明頓南下約一百二十公里。

南巴爾的摩的半島尖端是麥克亨利堡（Fort McHenry），從切薩皮克灣進攻巴爾的摩和首都華盛頓的水路必經。一八一二年，美國對英國宣戰，第二次美國獨立戰爭，悲慘的開始。一八一四年，巴爾的摩戰役，勝利的結束。關鍵戰場就在麥克亨利堡擊退皇家海軍。沒有海軍護衛的陸軍，風險太高，進退兩難，只好撤退。

麥克亨利堡是個五角形堡壘，形似一隻四肢齊張，昂然抬頭的烏龜。設計者的構圖當然不是這樣。堡是五角星星狀，又名星堡。周圍是壕溝，壕溝後面是磚牆，構成堡壘的兩道屏障。壕溝上的短磚橋是出擊通道。命名是紀念詹姆士麥克亨利（James McHenry）。他出生在愛爾蘭，參與獨立革命戰爭，代表馬里蘭參加費城憲法會議，是憲法的簽署人之一。

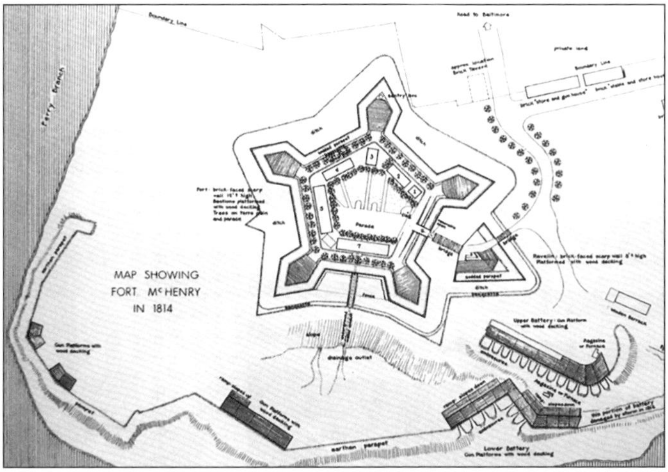

麥克亨利堡是個五角形堡壘，形似一隻四肢齊張，昂然抬頭的烏龜。

美國對英宣戰時，麥克亨利堡只有一百一十個軍人，守著六十五門大砲。大多數是十九到二十五歲的陸軍志願役，月薪八元，遠低於當時行情。磚造營房，稻草當床墊，米和麵包是主食，醃豬肉是主菜，偶有季節性的碗豆，包心菜等蔬菜。每天四分之一品脫的威士忌，算是對士兵們的犒賞。和英國海軍砲戰時，兵力已增至一千多人。

一八一三年夏天，喬治阿米斯帖德（George Armistead）少校向巴爾的摩防衛司令山謬史密斯將軍（Samuel Smith）報告：防衛巴爾的摩已做好準備，缺少一面大旗，可讓英軍遠遠就看到。旗幟代表著主權的宣示。

兩面星條旗製作完成後，送進麥克亨利堡。大旗四十二英尺寬，三十英尺高。小旗十七英尺高，二十五英尺寬。收費五百七十四點四四美元，約當一個士兵的六年薪資。瑪莉楊女士（Mary Young Pickersgill）和她十三歲的女兒卡洛琳（Caroline），用四百碼羊毛布繪製縫成。彩旗十五顆星，六紅七白橫槓。原始的旗幟收藏在華盛頓特區的史密森尼美國歷史博物館。

一八一四年八月二十四日，英美兩軍在布雷登斯堡（Bladensburg）大戰。美軍四百二十名正規軍，六千五百名民兵。被四千五百名英國正規軍，打得全面潰敗。目擊者描述當時的慘況：一群羊被一群狗追趕著到處逃跑。

一 麥克亨利堡十五星旗。

布雷登斯堡在首都華盛頓特區東北方約十公里。首都失守。英軍進城，火燒華盛頓。這是對美軍在北方戰線上，火燒加拿大約克堡（多倫多）的報復。英軍北上進攻巴爾的摩。海陸合擊。

一位老醫生威廉比尼斯（William Beanes），因反英行為，被英軍抓上戰艦。他的一位律師朋友史考特基（Francis Scott Key）開始積極營救。史考特基找到負責換俘事務的約翰史基諾上校（John Skinner）。他們離開巴爾的摩，坐著小帆船去救老醫生。終於遇上英國戰艦，起初英軍不願意釋放老醫生。後來，他們請英軍戰俘寫了幾封信，誇獎老醫生對他們的治療，英軍終於同意釋放老醫生。但戰事正在進行，一行三人就暫時被留置在戰艦上。

九月十日，英國艦隊開入帕塔普斯科河（Patapsco River），靠近北點的地方。三人被送到美國的運輸船上，受英軍監控。十二日，英軍兵分海陸，開始前進。他們三人在船上旁觀戰火。十三日早上七點，英軍砲艦猛烈開火，砲擊連續不止。船隻已經難以靠岸，巴爾的摩商人故意弄沈許多船阻塞航道。黑暗的天空整夜被砲火照亮。持續二十五小時的砲戰，巴爾的摩約落下一千五百發到兩千發砲彈。他們三人知道麥克亨利堡還沒有投降。等待砲擊結束，看勝利屬於何方？

十四日，當晨光照臨，麥克亨利堡的土製磚牆堡壘，飄揚著喬治少校的大戰旗，戰

麥克亨利堡。

笛和戰鼓齊響。麥克亨利堡沒有被打倒。此情此景激發史考特基的靈感，他用信紙背後寫詩。他是律師，也是業餘詩人。下午，英軍進攻堡壘西側，被擊退。戰爭結束。

十六日，他們被釋放回到巴爾的摩。史考特基在印第安皇后酒館（India Queen Tavern）完成詩。幾天後以「麥克亨利堡的保衛」為題，印成傳單。二十日，巴爾的摩的報紙刊登，標題改成「星光閃亮的旗幟」（The Star-Spangled Banner）。這首詩被配上英國作曲家的流行曲，「給在天堂的阿那克里翁」（To Anacreon in Heaven）。阿那克里翁是希臘早期的一位抒情詩人。

麥克亨利堡，一排砲彈十五顆。（上）

麥克亨利堡飄揚著十五星旗。（下）

（Shutterstock 提供）

傳唱一百多年後，經過馬里蘭的愛國者努力推動，這首歌頌一支旗幟的歌，終於在一九三一年三月一日被國會通過，成為美國國歌。

喔，在黎明的晨光中，你可以看到
我們自豪地在薄暮的最後亮光中歡呼
寬闊的線條和明亮的星星穿過險惡的戰爭
（中略）
這是我們的格言：我們信仰上帝
勝利中星光閃亮的旗幟
將飄遍自由的土地和勇士的家
And this be our motto: "In God is our trust."
And the Star-Spangled Banner in triumph shall wave
O'er the land of the free and the home of the brave

麥克亨利堡已是個國家保留的紀念遺址。兩層樓營房圍著城堡。黑色大砲和一排十五顆的圓形砲彈，陳列在紅色長型鋪板上。城堡中十五顆星星的星條旗在陽光和海風中飄揚。

42 最危險的城市：巴爾的摩

巴爾的摩黑人約佔六十四％，白人約三十％。位於南北交界，地理之便，南方黑人到巴爾的摩找工作。這個族裔比例在美國的大城市中相當不尋常。

二〇一五年春天，巴爾的摩爆發種族暴動。警察逮捕巴爾的摩的二十五歲非裔居民格雷。格雷被捕幾天後頸部和脊椎受傷昏迷。市民聚集警察局前示威抗議。格雷死亡，暴動擴大，至少二十名警察受傷，兩百五十名市民被捕，兩百八十到三百五十個營業場所受損，一百五十輛車被燒，六十棟建築被焚，二十七家藥局被搶。大學關門，巴爾的摩金鷹對芝加哥白襪停賽。州政府宣佈進入緊急狀態。軍隊進場。

情勢穩定後，巴爾的摩金鶯（Baltimore Orioles）球場開打，只有轉播，禁止觀眾入場。創造一場史無前例的美國職棒大聯盟比賽。

驗屍結果判定格雷死於他殺。六位警官被控二級謀殺。暴動結束，宵禁解除。軍隊撤退。暴動造成兩人被槍殺死亡，一位死於火災，一百一十三位警察受傷，四百八十六位民眾被捕。自由的代價可能死於敵人的武器下，也可能死於向政府抗爭時。

巴爾的摩的種族情結和衝突，是地理也是歷史的產物。一八六一年，聯邦軍隊要南下平亂，在巴爾的摩轉車，遭遇親南方的市民攻擊。聯邦軍開火，造成雙方共十三人死亡，三十人受傷。血腥星期五，南北戰爭的第一場流血。

一百多年後，一九六八年，美國民權運動領袖馬丁路德金恩被暗殺。全美一百二十五個城市暴動。巴爾的摩黑人在追思會後發動示威。造成五人死亡，三百起火災，四百零四人被捕。種族問題在巴爾的摩特別敏感。巴爾的摩是全美最危險的城市之一。

巴爾的摩的精神地標是約翰斯霍普金斯大學。這是美國第一所研究型大學，主校區就在巴爾的摩。特別請旅伴們看看校門口的學校名牌和救護車上的醫院名稱。的確是約翰斯霍普金斯（Johns Hopkins），不是約翰霍普金斯（John Hopkins）。台灣習稱的「約翰霍普金斯」醫學院鼎鼎大名，陳建仁副總統就是這裡的畢業生。不只是台灣人把這大學的名字拼錯，老美自己也會拼錯。

紐約的維拉札諾海峽大橋，命名是紀念第一位發現紐約灣和哈德遜河的義大利探險家維拉札諾（Verrazzano）。命名過程艱難。最後，訴諸州議會通過《命名法案》，尼爾森洛克斐勒州長簽署。他是小約翰洛克斐勒的兒子。維拉札諾海峽大橋命名運動成功。

有趣的是，後來有人提出請願，名字拼錯。Verrazano 少個 z。正名請願直到二〇

一八年才經州議會通過，州長簽署。誤拼五十八年的 Verrazano，終於加上個 z，成為 Verrazzano-Narrows Bridge。

霍普金斯家族靠種菸草和航運致富。真正成巨富是約翰斯霍普金斯自己努力從商和投資的結果。他在遺囑中，捐贈七百萬美金，約當二〇一〇年時的二十八億美金，分成兩等份，各建立一所研究型大學和一所醫院。他過世後大學創設，再建立醫院。

約翰斯霍普金斯大學有三十七名教職員和校友是諾貝爾獎得主。二〇一七年世界大學科研論文質量評比，約翰斯霍普金斯大學排名全球第二，次於哈佛。研究，創新，社會影響排名第四，次於哈佛，史丹佛和麻省理工。二〇一八年，美國高中推薦大學排名第五，次於哈佛，麻省理工，史丹佛和耶魯。校訓是：真理必讓你們得自由。

從西岸的華盛頓大學，史丹佛大學，到東岸已經參觀過的普林斯頓大學，約翰斯霍普金斯大學，以及旅行最後階段拜訪的哈佛大學，麻省理工學院，耶魯大學等，至少

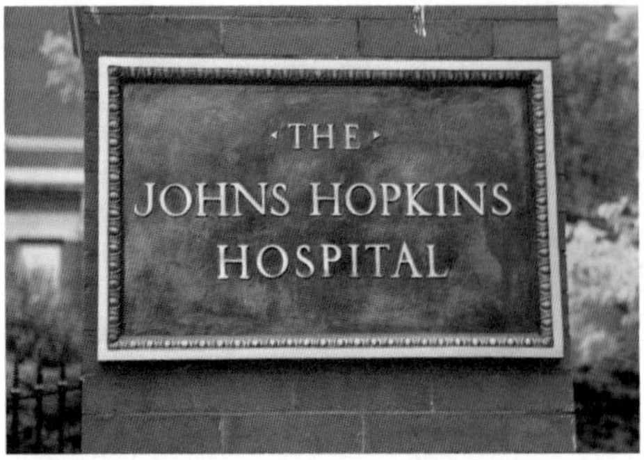

一約翰斯霍普金斯醫院，不是約翰霍普金斯醫院。

都有四個校園特點：沒有門禁，和城市結合一體。非常典雅。充滿開放性的神秘氛圍，一種追求真理的世界。一九九一年到二〇一一年，約翰斯霍普金斯醫院被美國新聞和世界報導，連續二十一年評為美國最佳醫院。

巴爾的摩的犯罪率高到嚇人。根據聯邦調查局公布的犯罪統計，巴爾的摩的暴力犯罪高達全美平均值的三到四倍。二〇一六年，每十萬人中有一千四百一十七個暴力犯罪案件，暴力犯罪率排名全美第七。二〇一七年，更被列為最危險的城市的第一位。三百四十二件兇殺案，每十萬人中有五十六人死於兇殺。換算台灣人口，約當一年有一千三百多人兇殺死亡。

就犯罪案件數，暴力犯罪，謀殺，嚴重襲擊，入室竊盜，汽車竊盜，縱火等，巴爾的摩常常樣樣都遠超過十幾倍人口的紐約市。貧窮和貧富不均是巴爾的摩長期的老問題。馬里蘭全州貧窮線以下的約十二・五%，巴爾的摩二十六・八%，超過平均值的一倍，約每四個人就有一個人生活非常艱困。

巴爾的摩港視野開闊，建築物和景觀卻相對尋常。我們閒逛一兩小時，零星遇見一些遊蕩，或坐在別人家門前的窮人，或流浪人。傍晚起風，有些人開始加衣服保暖。

43 美麗的海軍學院：安那波利斯

夜宿安那波利斯（Annapolis），馬里蘭的首府，在切薩皮克灣西岸，北面是塞文河（River Severn），北到巴爾的摩約四十二公里，西到華盛頓約五十三公里，是首都外圍海路重地，美國海軍學院（United States Naval Academy）的所在地。

海軍學院和我們拜訪過的其他美國名校一樣，都沒有門禁。遊客自由出入。進門還特別設置一個寬敞的訪客中心。牆上各種海軍照片，有男有女，有合照丟帽歡呼上天，有幾人列隊前進，有突顯個人堅毅神情。有白人，黑人，亞洲人。卡特總統（Jimmy Carter, Jr.）頭戴白帽黑帽舌的軍裝照，和西裝半身照也在其中。卡特是一九四六年的畢業生，美國第三十九任總統。

校園的總體規劃和建築，乾淨美麗。建築物排列整齊，和美國其他名校的不規則排列大不同。四五層的白樓，搭配淺藍屋頂。偶見大砲散置陳列在小公園旁的水泥地上，砲基和砲身都漆成淺藍。不時有年輕學生走過，有黑衫黑褲配白帽的，也有從鞋子到頭頂全身白，揹綠背包，提藍色袋的。個個態度嚴肅，文質彬彬，容貌親切，會和遊客們問候招呼。

卡特總統年輕時。（左上）
海軍女性。（下）

海軍學院的畢業生有一位當總統。三位五星上將：恩斯特金恩（Ernest Joseph King），威廉哈爾西（William Frederick Halsey, Jr.），和切斯特尼米茲（Chester William Nimitz, Sr.）。五星上將們都在第二次世界大戰立下戰功。尼米茲台灣人比較熟悉。近年來偶會有「尼米茲號航空母艦」「尼米茲級航空母艦」（Nimitz Class Aircraft Carrier）的新聞出現。他是二戰的美國太平洋艦隊總司令，「尼米茲號」「尼米茲級」的命名就是紀念他。

「三叉戟是用知識鑄造的」是海軍學院的校訓，標舉著知識是制海權的最核心根基。三叉戟是希臘神話中海神波賽頓的武器。他們三兄弟抽籤分管領域。天神宙斯管天地。冥神黑帝斯管地下，包括礦產和冥界。海神波賽頓統治大海和湖泊。

海軍學院的使命是：道德地，心理地，身體地開發海軍准尉（入學後稱准尉，畢業後授少尉

海軍學院校園。（上）

海軍學院校園中的學生。（下）

軍銜），並激發出責任，榮譽和忠誠的最高信念，以畢業成為奉獻海軍服務生涯的領導人。而且有潛能在未來發展心智和性格，承擔對指令，公民身份和政府的最高責任。

海軍學院是美國五個主要公共系統服務學院中，第二古老的學院。五個學院是：軍事學院（The United States Military Academy at West Point），海軍學院，空軍學院（United States Air Force Academy），海岸防衛學院（United States Coast Guard Academy），和商船學院（United States Merchant Marine Academy）。

軍事學院就是「西點軍校」，在紐約市北方，歷史最久。空軍學院在科羅拉多，校園美到不行。這就是美國的海軍官校，陸軍官校和空軍官校。台灣人熟悉的維吉尼亞軍校（Virginia Military Institute），位階差一級，維吉尼亞軍校是維吉尼亞州創建的，是「州立」，不是「國立」。

維吉尼亞軍校一直拒絕錄取女性。一九九〇年，美國司法部控告維吉尼亞軍校的性別歧視政策，敗訴。上訴到美國聯邦最高法院，直到一九九六年，最高法院才以七比一的壓倒性票數，判決維吉尼亞接受公共資金，卻拒絕女性，明顯違憲。一九九七年，開始錄取女性。

二〇一六年，海軍學院被美國新聞和世界報導，評選為全美公立文理學院第一名，全

美文理學院第十二名。高中的文理學院推薦排名中，海軍學院和軍事學院，以及空軍學院都並列第一。台灣和美國的軍官學校，行情天差地別。

西點軍校的校訓，台灣當過兵的應當很熟悉。國軍五大信念：「主義，領袖，國家，責任，榮譽」，就是山寨自西點。中式邏輯。服從主義，效忠領袖，為國盡忠，盡責任，求榮譽。主義和領袖為先，個人榮譽殿後。主義和領袖已在「軍隊國家化」後除去，剩下「國家，責任，榮譽」，仍是集體主義優先人權的政府觀點。「責任，榮譽，國家」才是西點軍校原版校訓。美國邏輯。盡責任，求榮譽，服務國家。個人在先，國家在後。

西點軍校的畢業生出過三位總統。兩位美國聯邦總統，第十八任總統格蘭特（Ulysses Simpson Grant），和第三十四任總統艾森豪（Dwight David Eisenhower）。以及一位「美利堅聯盟國總統」戴維斯（Jefferson Davis）。格蘭特是美國南北戰爭後期的北軍統帥，戰勝南軍。艾森豪是第二次世界大戰歐洲盟軍最高指揮官。戴維斯是南北戰爭時，南方聯盟的總統。

五星上將兩位：艾森豪和麥克阿瑟（Douglas MacArthur）。麥克阿瑟是太平洋戰爭的盟軍最高統帥。豁免日本天皇發動戰爭罪行，保留日本天皇制度就是他的堅持。派遣蔣介石接收台灣也是他的命令。他也是韓戰聯合國軍總司令。

西點軍校創立於一八〇二年，維吉尼亞軍校創立於一八三九年，海軍學院創立於一八四五年。迎接三校畢業生的竟是一八六一年到一八六五年的美國南北戰爭。同學，師生，校友在戰場上，或並肩作戰，或你死我活。

人口約四萬的馬里蘭首府，兩三層樓的磚色建築居多，構成暖色調的寧靜小城氛圍。穿著殖民地時代服裝的解說員，在景點前為遊客服務。切薩皮克灣到處都是河口。河口灣盛產蟹類。藍蟹是當地特產。一行四人吃到旅行四十天來，最滿足又最悠閒的藍蟹大餐。

馬里蘭首府安那波利斯街景。（右）

殖民地裝的導覽員。（左）

44 平民的命名，貴族的翻譯：華盛頓特區

華盛頓特區的建築物，除高聳的華盛頓紀念碑外，最居高臨下，四方瞻仰的就是層層圓頂而上的國會大廈。

或許是台灣人習於行政權至上的思維慣性，或許是電視新聞播報華府新聞時，常以國會大廈做背景，再加上雄偉的白色建築，因此，許多台灣人把國會大廈誤會成是白宮。

依據國會通過，華盛頓總統簽署的《長駐法案》，一八〇〇年五月十四日，美國永久首都遷入華盛頓特區。首都地點對南北都深具尊重。南方的最北，北方的最南。三面被馬里蘭環繞，西南面以波多馬克河和維吉尼亞為界。成為一個由聯邦政府管轄的特區。

旅行美國五十州，大概看過三十個州的州議會大廈。造型和格局幾乎都相同或類似，只是顏色有白，乳白或磚紅。無論如何，都絕對是當地最醒目，獨一無二的莊嚴建築。立國的憲政識別，在每個州都鮮明強烈。只此一種，全美通用。沒有其他的模仿品。象徵人民權利的至高無上。

國會什麼都管得到，除了不介入司法審判。州際公路系統就起於一九五六年，國會

（Shutterstock 提供）

通過的《聯邦資助公路法案》（*the Federal-Aid Highway Act of 1956*），艾森豪總統簽署，生效撥款。這個國土計畫是美國防衛戰略的構建。美軍戰車，砲車，運兵車和補給，得以迅速運送到任何地區。戰時還可起降飛機。美國的國防需求往往是民生工業的先行，電腦，無人車，無人機就是佳例。

州際公路系統的民生目的就是振興經濟，扶植美國在二戰後，衰落的汽車工業。州際公路，州州都有，無論再偏遠。感觸最深的是在西維吉尼亞，如果沒有州際公路，要造訪這「山脈之州」必然辛苦。

國會大廈。
國會為尊，議會為大是美國的立憲精神。

要回家的人，如果只是「鄉村路引我回家」（Take me home country road），想來就很淒涼和危險。

美國的一些國定假日，要不要連假，補休，補班，完全不必讓行政權左右為難。這些國定假日全被原則性調整到週一，就是一九六八年國會通過的《統一週一假期法案》（*Uniform Monday Holiday Act*）。一九七一年開始實施。法案解決要不要連續假期的行政為難和民間爭議。台灣現在由行政部門一次次傷腦筋，浪費時間，浮動民心。

馬丁路德金紀念日是一月十五日，休假日訂為一月的第三個星期一。華盛頓紀念日是二月二十二日，休假定在二月的第三個星期一。陣亡將士紀念日固定為五月的最後一個星期一。勞動節固定在九月的第一個星期一。哥倫布紀念日休十月的第二個星期一。

誰是電話發明人充滿爭議。獨立革命第一戰在哪裡？

— 春天是整修國會大廈的季節。

一警察遊首都。

一些地方爭搶頭彩，教科書要怎麼編？國會開聽證，進行研究，最後議決：電話發明人不是蘇格蘭裔美國人貝爾，而是義大利發明家安東尼奧穆奇（Antonio Meucci）。獨立革命第一戰不是列星頓/康科德戰役（Battles of Lexington and Concord），而是快活角戰役（Battle of Point Pleasant）。國會權力如此大，一槌定音。

台灣的國會設計完全脫離三權分立，和兩院權力互相制衡的設計原理。過去看似兩個國會，其實各管不同的事務。國民大會廢除後，剩立法院一院獨大。看似獨大，其實顧名思義，立法為主，不是立法為先。失去立法主導行政的主動性，淪為行政權的被動配合單位。

立法，行政，司法三位一體，三權分立，構成政府的三大支柱，是美式民主的原型。華盛

（Shutterstock 提供）

林肯紀念堂（左一），華盛頓紀念碑（左二），國會大廈（左三）。

頓特區的美國最高法院本來就在「國會大廈」中。只是，隨著國土擴張，政府編制擴大，才各自獨立辦公。「州長辦公室」還在「州議會大樓」的情形，在各州仍不少見。

沙加緬度的加州國會大廈（Capitol）就是這情形。州議會大廈容納四個主體：參議院（Senate），眾議院（House of Representative），州長及其幕僚辦公室，外加圖書館或博物館。德州州府奧斯汀的 Capitol，也是這種格局。典雅莊嚴，彰顯美學，哲學和科學的總體國力。

Capitol 無論是國會大廈，或州議會大廈，附近都沒有更突出的建築物。有的州還特別制定法律，州議會大廈必須讓人在東南西北都看得到，任何公有私有建築物，都不能擋住視線。

政治人物的謙卑，就是自我節制權力，回歸憲法的本質和本意。憲法的本意就是人民和政府簽訂的公僕服務契約。本質就是制衡和分權。

首都訪客多，需要自動置物櫃。

美國的一些新觀念，或許被移植進舊思維，而失去原意。「白宮」是White House，翻成「白屋」「白房子」才信達。「總統府」「皇宮」的舊觀念，才會翻成「白宮」White Palace。總統就是個公僕，最多八年就得離職搬出，僕人住房子，哪住什麼宮殿。

美國國會和州議會都是兩院制，眾議院和參議院。美國眾議院稱為United States House of Representatives，直譯應是「合眾國代表

（Shutterstock 提供）

之屋」。美國參議院的正式名稱沒有冠院或屋，就稱 United States Senate。參議員辦公議事的地方就叫 Senate House，參議之屋。從這些政府最高權力機構的命名，就可感受美國政治的原創精神，就是追求平等的平民風格。沒有高高在上的宮殿或府。

約翰亞當斯是第一個在華盛頓DC上班的總統，接著是傑佛遜總統。然後麥迪遜總統任內被英軍火燒首都。所以，現在看到的華盛頓特區，都是重建的。

一八一六年，五十八歲的門羅 (James Monroe) 當選總統，接任麥迪遜。世代正急速交替。門羅小華盛頓二十六歲，小亞當斯二十三歲，小傑佛遜十五歲，小麥迪遜七歲。他是美國國父們的最後一任總統。

一 白宮的原文是白屋。平民風格，宮廷譯文。

門羅十八歲就參加獨立革命戰爭，跟隨華盛頓轉戰各地。華盛頓當選總統時，門羅當選維吉尼亞州參議員。接著奉派出使法國當駐法大使。亞當斯當總統時，門羅是維吉尼亞州長。傑佛遜當總統時，他是特命全權大使，到法國談判路易斯安納購地案。然後，接任駐英國大使。

麥迪遜當總統時，門羅是國務卿兼代理戰爭部長，而戰爭部長，是巴爾的摩保衛戰的規劃師。第二次獨立戰爭的英雄。這樣的資歷讓他輕鬆地以一百八十三票對三十四票，擊敗聯邦黨總統候選人，終結親英的聯邦黨。

門羅久經戰場，歷練國防外交，深知行政幹才對治理國家的重要。他任命昆西亞當斯當國務卿。昆西亞當斯是約翰亞當斯的兒子，本來是聯邦黨的參議員，因為支持聯邦黨的死敵傑佛遜，第二任就沒獲得黨提名。共和黨一再遊說他，他終於改投效共和黨。

門羅一概不用聯邦黨員。他不想犒賞敵人，犧牲朋友。另一方面，他很快安排巡訪各地的

（Shutterstock 提供）

— 門羅是維吉尼亞朝代的末代總統。

旅行，北上新英格蘭地區。他完全給足聯邦黨員和支持者面子。自掏腰包，不帶隨行保護的軍隊。他在聯邦黨的根據地波士頓，受到四萬名群眾的歡迎和歡呼。美國「安樂的年代」開始。門羅連任成功，聯邦黨的終結者就是門羅。

門羅八年任內最重要的貢獻是外交政策。他發表強硬的「門羅主義」（Monroe Doctrine）：美洲大陸不再讓歐洲殖民，這種殖民美洲的行為和企圖，將被視為是對地區安全的危險。美國不會干涉歐洲事務，也不會介入歐洲殖民地的內部事務。實際上，英國海軍的實力遠比美國總統的聲明更具實際效用，但門羅主義滿足美國人自我肯定的信心和國家意識。

門羅兩屆任滿。美國維吉尼亞朝代結束。華盛頓，傑佛遜，麥迪遜和門羅都是維吉尼亞人。年代來到一八二四年，美國第六任總統由兩位年輕人競爭。傑克遜和昆西亞當斯同齡，都是四十三歲。平民戰貴族。政一代戰政二代。

（Shutterstock 提供）

第三篇 政黨政治／南北戰爭

民主就是法制和法治。

民主的深化就是法制長期不斷健全修正的實施結果。

價值之戰總是分裂的開端。

反奴隸制度和奴隸制度擁護者，把美國的價值之戰帶到美國歷史最殘酷的血腥高峰。

《獨立宣言》經歷近百年，「人被造而自由」大體實現。

阿莎提克島「野馬海灘」

45 茶裡加炸藥的昆西亞當斯

昆西亞當斯（John Quincy Adams）是約翰亞當斯（John Adams）的兒子。總統之子，世家名門的權貴子弟，二十歲畢業於哈佛，當律師。深受華盛頓喜愛，派駐荷蘭大使。約翰亞當斯當總統，派他出使普魯士。麥迪遜當總統，他出任俄羅斯特使。門羅總統任命他當國務卿。一路幸運得寵。傑克遜白手起家，農人之子，戰功彪炳，聳擱有力。一個貴族氣息，一個平民風格。

競選結果，傑克遜普選票和選舉人票都勝過亞當斯。但是沒過半數。依憲法規定進入眾議院的總統選舉程序。亞當斯獲得二十五州的十三票，剛過半數當選。傑克遜無比氣憤，覺得被傳統政客們玩弄，輸在政客醜陋的政治交易。此仇不報非君子，傑克遜辭掉參議員職務，全力準備競選下任總統。

亞當斯不善於周旋在政客中。他出使歐洲時，曾對一位英國首相說：「僅管您是個名正言順的貴族，不過，在我國，公職可是沒有繼承這回事。」他一直都支持傑佛遜，他老爸和聯邦黨最痛恨的政敵。就這麼白目，得罪黨內外。

四年總統職務，亞當斯過著「惱人，煩人，倒盡胃口，過口子成為包袱」的總統生活。

不但毫無建樹，還留下罵名。競選連任時，被傑克遜以一百七十八票對八十三票痛宰。和他老爸一樣，都只是四年總統。

然而，亞當斯處世明白，做人坦率，才華卓越，卸任總統一年多後，竟偶然開創奇蹟式的政治高峰。

一八三〇年，一位普利茅斯選出的共和黨聯邦眾議員李察德生，想退選，就遊說亞當斯出來。「如果這不會讓您覺得自我貶低身份。」「如果眾議院有位擔任過總統的眾議員，可是大大加分。」亞當斯不覺得有失身份。「我絕不會在年老時，就捨棄青年時代極力護衛的國家。」這是他堅定的答覆。

（Shutterstock 提供）

六十三歲。當過總統，國務卿，參議員，降級競選眾議員。以約八十五比十五的比數，狂勝競選對手。亞當斯比選上總統還快樂。

《獨立宣言》中「人被造而平

一昆西亞當斯。威脅要他命的一個接一個。

等」的信念，在憲法中被妥協，在長達超過半世紀的政治活動中，繼續被妥協處理。平等主義的新一代接班人準備登場，火力全開。

「廢除奴隸制度，是道德良知的源頭，善惡的分野。」亞當斯在國會痛罵奴隸制度的擁護者：「說起奴隸就說是祖先和英國造成的，遇到利益，就露出靈魂深處最卑下的狂傲，虛矯的真面目。」眾院議長波爾克是奴隸主，也被他罵到臭頭。眾議院要開罰他，隨便。不讓他講話，他就站在發言台一上午。威脅要他命的一個接一個。

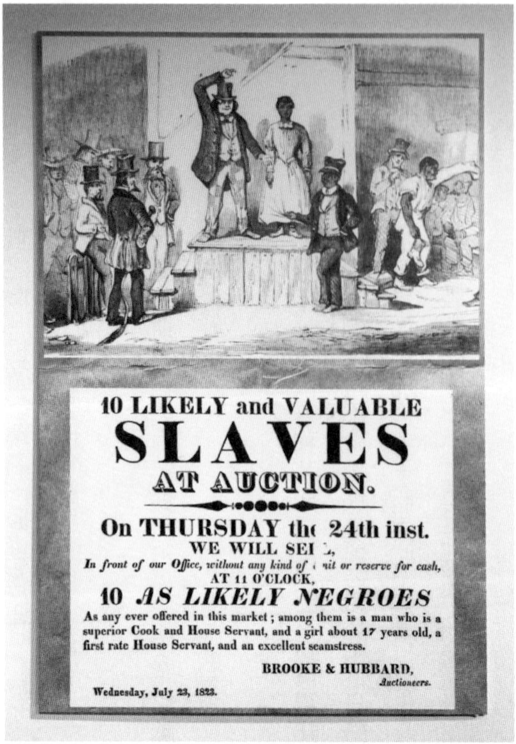

黑奴拍賣。

「奴隸制度是道德問題不是政治問題」「我要撕破這張又要蓄奴，又號稱民主的假面具」。罵人的功夫一流，更可怕的是絕對不屈不饒。誰都阻擋不了他。「我鄙視他們的慈悲，我不屑一顧，我要向他們挑戰。」奴隸王國的代表們一個個被痛罵，不管是不是和奴隸制度有關，能罵的通通找來罵。反對他的，罵他是「麻州來的瘋子」，嘲諷他是「北方的良心」。簡直就是威猛國寶。

眾議院被他搞得早就通過禁聲令。禁止提出和廢除奴隸制度有關的言論。亞當斯就大城小鎮去演講。連火車平時只過站，有乘客上下才停的小地方都去。北方的英雄，南方的狗熊。美國一代思想家愛默生說：「這個老頭子，八成在茶裡加了硫磺酸。」六十九歲的亞當斯聲望達到人生高峰。

一八四一年，他挺身為「辛格和阿米塔德案」（Amistad）辯護。一八三九年，西班牙船阿米塔德號，從非洲非法運來五十三個奴隸到古巴，再從古巴哈瓦那出港，要在古巴其他港口販賣。當時英國和西班牙已簽訂條約，禁止國際上販賣奴隸。

奴隸首領辛格領導叛變，殺掉船長和廚師，兩位奴隸死在爭奪戰中。奴隸奪船成功，要返

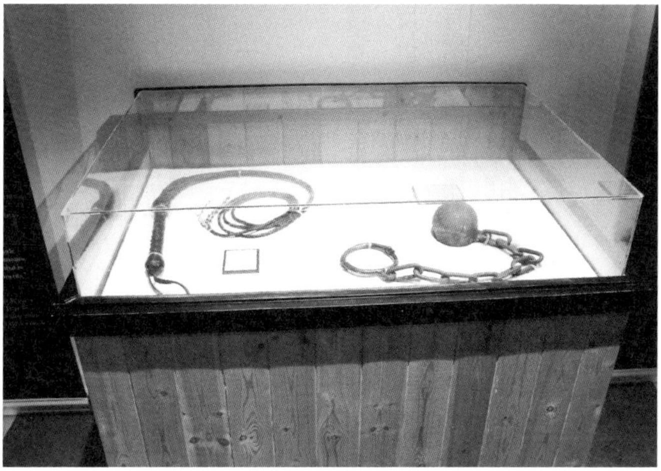

黑奴的腳鐐手銬。

回家鄉。西班牙的海員卻利用夜晚，把奴隸船駛向美國北方，有些人上岸補給，被美國官員上船逮捕，關在康乃狄克紐哈芬監獄。辛格等奴隸被控叛變，謀殺，和海盜罪行。這涉及複雜的國際政治和法律。西班牙主張，船是西班牙籍，航行在西班牙海域被劫，西班牙才有管轄權。另外，奴隸是屬於奴隸所有人的財產。船，奴隸和貨物都必須歸還西班牙。

一八四一年，全案打到最高法院。連續兩天，亞當斯提出長達八個多小時的辯護。辯護意旨主要是：所有權規範的是財產，不是人。這些非洲人是被綁架的，遭受虐待的，反抗是自衛的人權。非洲人已經在美國港口，至少有一部分人已經上岸。美國法院當然有權管轄。法律是要主持正義的。如果這些非洲人的行為是白人所做的，他們怎會在這法庭受到控訴和審判呢？連主審的大法官都認為他的辯護「極度有力」「尖酸辛辣」，奴隸們獲得釋放。

這個故事在一九九七年，被史蒂芬史匹柏拍成紀實電影《阿米塔德》（*Amistad*），漢譯《斷鎖怒潮》或《勇者無懼》，獲得多項奧斯卡金像獎提名。

一八四四年，亞當斯七十七歲，還繼續在眾議院為廢除奴隸制度奮戰。他對執行八年的禁聲令再猛烈開火。這一次，北方代表幾乎都站在他的一方。一百零八票比八十票，禁聲令被眾議院表決為無效。老歐吉桑已經在眾議院拼戰十四年。

一八四七年，八十歲的亞當斯，散步時中風。一八四八年二月二十一日，眾議院表決要頒給墨西哥戰爭中，有功的美國將領勳章。當議長請大家喊是或否時，本來就反對美墨戰爭的他，大叫一聲：否。然後，就倒下，趴在桌上。

二月二十三日，亞當斯過世。他是「殺千刀的美國騾子脾氣」典範。連續六十年為國服務，絕不妥協，為理念辯護，絕不留情。這種造就美國獨立革命的特質，在當時已經罕見。

價值之戰總是分裂的開端。反聯邦主義者和聯邦主義者，反憲法者和支持憲法者。反奴隸制度和奴隸制度擁護者，即將把美國的價值之戰帶到美國歷史最殘酷的血腥高峰。

46 民主黨和共和黨的誕生

「棺材海報」不敵「印地安人的利刃」。對手把安德魯傑克遜描述成殘酷無情的將軍，傳單上一排排棺材。美國人民卻更喜歡印第安人和英軍的剋星。把政客們也宰掉吧。三合一的國家新英雄誕生。

一八二八年，傑克遜二度競選總統，創建民主黨（Democratic Party），作為競選總統的起手式。傑佛遜，麥迪遜，門羅一脈相傳的共和黨裂解。美國的現代化政黨政治開跑。「有錢人才能投票」的政治規則，正好已告一段落。傑克遜的草莽風格，大受中下階層支持。普選票和選舉人團票都壓倒性地打敗競選連任的亞當斯總統。

總統就職那天，有人跋涉八百公里，想親見這個解救美國的英雄。華盛頓特區當天來自全國的訪客約一萬個。數千位狂熱的支持者湧進白宮。白宮草坪被踩稀爛，豪華的高級地毯被踩得滿是鞋印，玻璃杯和瓷器摔破許多。「暴民鬧皇宮」的正評是美國的民主真正來臨。負評是這是美國即將不妙的預兆。

傑克遜當選美國第七位總統。前六位總統都具有貴族氣息。傑克遜是完全平民風，而且是最剽悍的那一種。麥迪遜任內的馬蹄灣戰役，克里克族九百壯士被他一舉殲滅，絕不留情。

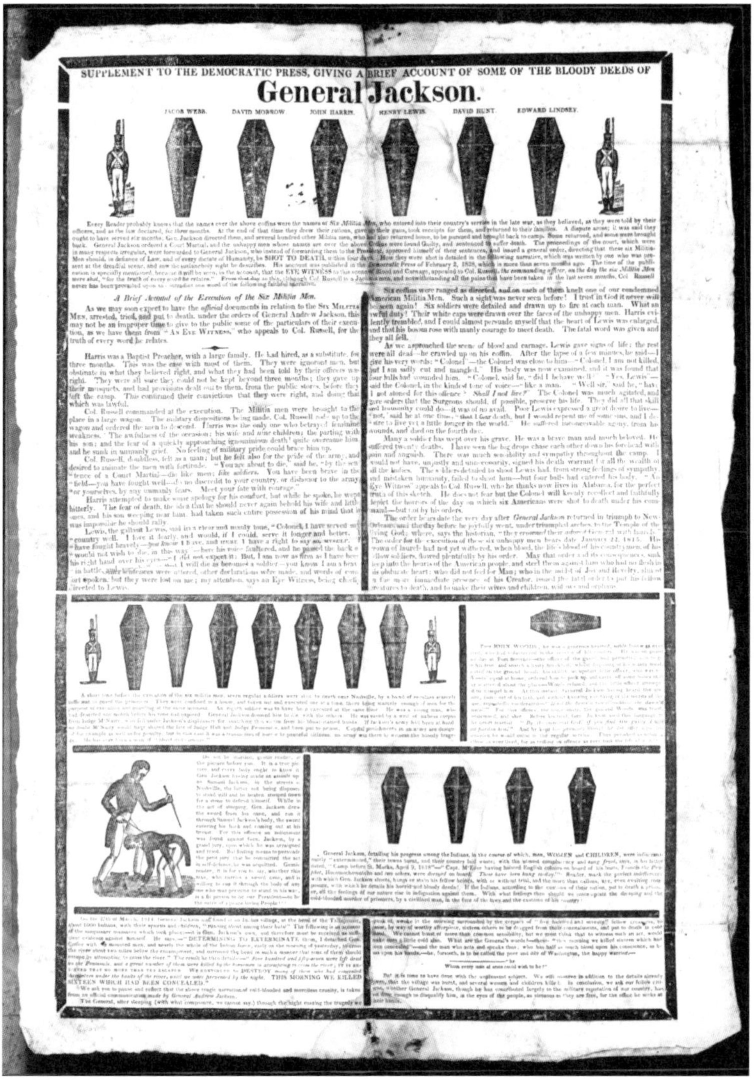

SUPPLEMENT TO THE DEMOCRATIC PRESS, GIVING A BRIEF ACCOUNT OF SOME OF THE BLOODY DEEDS OF

General Jackson.

JACOB WEBB. DAVID MORROW. JOHN HARRIS. HENRY LEWIS. DAVID HUNT. EDWARD LINDSEY.

A Brief Account of the Execution of the Six Militia Men.

—棺材海報。

（Shutterstock 提供）

紐奧良保衛戰，他率領的正規軍和民兵總和約四千五百名，只有七百支槍。徵召海盜來幫忙，海盜們武器精良。總共約五千七百兵力。擊潰由戰略名家培根漢中將（Sir Edward Pakenham）統帥的八千名英國精兵。歡迎一戰，絕不畏戰，準備作戰。精準狠是復仇者成功的保證。

「握緊槍枝，別浪費子彈，讓每一顆子彈都發揮作用，給敵人嚐嚐子彈的味道。兄弟們，讓我們今天就把事情解決掉。」簡直就像大屠殺。英軍兩百八十五人陣亡，包括培根漢，四位將軍陣亡三位。英軍總傷亡和被俘超過兩千名。

堅硬如老核桃木的安德魯傑克遜，最不怕的大概就是打戰。印地安人和西班牙聯手。傑克遜強打猛攻，絕不手軟。窮追不捨，追進佛羅里達，順便推翻西班牙的佛羅里達政府，把西班牙官員遣送到古巴。逼得西班牙人把佛羅里達和西北的奧勒岡賣給美國。

八年總統任內，傑克遜面對兩個最大的長期內政危機。一個是印地安人的遷移。早在傑佛遜總統時期，聯邦政府已和喬治亞達成協議，將在適當時機讓喬治亞的印地安人遷出。喬治亞是主要棉花產地，就是要搶奪印地安人的土地。即使最高法院宣判印地安人勝訴，喬治亞還是要土地，土地，土地。

一個是高關稅政策導致南北對立。肯塔基和南卡羅來納的戰鷹群，在柯雷和卡爾霍恩領導下，態度強硬，不惜決裂。南卡羅來納更揚言，高關稅的問題不解決就退出聯邦。

「沒有聯邦，我們永遠無法真正獨立，無法得到真正自由。沒有聯邦，獨立和自由也無法維持。」傑克遜堅決捍衛聯邦。對前任亞當斯總統簽署的《高關稅法案》，和戰鷹們的嗆聲，傑克遜請國會通過《動武法案》。授權總統徵關稅時，可以動用海陸軍。一方面折衷調降關稅，終於化解聯邦分裂的危機。

傑克遜是第一位行政權企圖壓制國會立法權的總統。他認為「總統就是美國人民的直接代表」。國會決議被他否決十二個。「國王安德魯一世」就是對他的嘲諷。肯塔基的戰鷹帶頭大哥柯雷創立輝格黨（Whig Party），就是針對傑克遜。輝格黨是反對英國王室專權的英國政黨。

傑克遜真正的歷史罵名，不來自和國會的對立，而是對印地安人的處理。就職第二年，國會通過換地決議，總統簽署法案。喬治亞的克里克族，卻洛奇族，巢克圖族，契卡索族必須遷徙到密西西比以西的地方生活。國會授權總統保護他們的安全，並賠償遷徙的損失，以及補助第一年的開墾費用。有的部落接受，有的拒絕搬遷，如切洛奇族。傑克遜決定強制執行。

一八三八年真正執行時，傑克遜已八年任滿，剛退休不久。喬治亞軍隊圍捕一萬七千

（Shutterstock 提供）

愛默生。
美國的一代思想家。

名切洛奇族，強迫遷徙到八百公里外的阿肯色。沿途四千人死亡。這條西遷之路史稱「淚的足跡」（Trail of Tears）。

「對公理正義如此的蔑視，對要求憐憫的呼聲如此充而不聞，自有地球以來，大概從未有過。」愛默生（Ralph Waldo Emerson）強烈譴責。

美國總統在傑克遜之後，就像染上瘟疫。

一八三六年，傑克遜的副總統馬丁范布倫當選總統。一任。

一八四〇年，輝格黨的哈里森當選總統。不到一個月，死於肺炎。繼任的輝格黨副總統約翰泰勒。一任。

一八四四年，民主黨的詹姆斯波爾克。一任。

一八四八年，輝格黨的札卡里泰勒，就任十六個月，急性腸胃病暴斃。

輝格黨副總統米勒德菲爾莫爾繼任兩年多。一任。

一八五二年，民主黨的富蘭克林皮爾斯。一任。

一八五六年，民主黨的詹姆斯布坎南。一任。

連續八任的美國總統都瘟神上身。

輝格黨對廢除奴隸制度，曖昧不明，時有矛盾，終於導致堅決主張廢除奴隸制度的黨員退黨。一八五四年二月二十八日，美國共和黨在威斯康辛州里彭（Ripon）創立。輝格黨解散。政黨重組，現代美國的兩大政黨先後創發。從一七八九年聯邦黨起算，到一八二八年，民主黨創立，約三十九年。到一八五四年共和黨成立，約六十五年。美國獨立，制憲，建國三部曲走到新的里程碑。

林肯（Abraham Lincoln）本是輝格黨員，一八五四年加入新成立的共和黨。一八六〇年，競選總統成功，成為第一位美國共和黨總統。美國兩百四十年歷史上，傷亡最慘重的南北戰爭正在等著。

47 西點軍校打西點軍校：南北戰爭

林肯當選總統，到宣誓就職前，南方已有七州脫離聯邦。林肯廢奴的競選立場鮮明，南方強勢對抗。南卡羅來納率先脫離。密西西比跟進。佛羅里達，阿拉巴馬，喬治亞，路易斯安那和德克薩斯緊隨。美利堅聯盟國成立。阿拉巴馬州議會代為宣布《美利堅聯盟國憲法》。

聯盟國憲法禁止中央政府通過任何否定奴隸制度的法律。傑佛遜戴維斯被推舉為聯盟國總統。戴維斯生於肯塔基，畢業於西點軍校，遷居密西西比。歷經眾議員和參議員的歷練。美墨戰爭英雄。美國陸軍部部長。戴維斯在蒙哥馬利發表就職演說，誓言要讓膽敢侵略南方的聯邦軍遭受悲慘命運。

為避免聯邦軍和聯盟軍的混淆，聯邦軍我們就簡稱北軍，聯盟軍簡稱為南軍。南軍統帥羅伯李（Robert Edward Lee）將軍，維吉尼亞人，西點軍校零缺點畢業，這紀錄前無古人。他拒絕林肯邀請他擔任北軍總司令，選擇效忠家鄉。聯盟國把首都遷到維吉尼亞首府里奇蒙，以示敬重。

三月四日，林肯就職演說，強調不干涉各州的奴隸制度，但絕不容許任何一州叛離聯邦，憲法沒有賦予這樣的州權。四月十二日，南軍砲擊南卡羅萊納查爾斯敦港的桑特堡，作為回應。桑特堡（Fort Sumter）是聯邦政府的一個堡壘，突然間成為陷入敵營的飛地，只有八十五名駐軍，孤立無援。堡壘是為防衛海岸設計建立，是地對艦的平射砲堡壘，難以抵抗幾千名大軍的砲火和包圍。堅持三十四小時後，桑特堡守軍撤退。南北戰爭的第一戰結束。

林肯決定武力解決。維吉尼亞，北卡羅來納，田納西，和阿肯色，四州相繼加入聯盟國。南北戰爭陣勢擺開。南方人口約九百一十萬，其中包括三百五十二萬奴隸。北方約兩千兩百萬人口。北方已經工業化，南方以農業為主。北軍主力是「波多馬克軍團」（Army of the Potomac），南軍主力是「北維吉尼亞軍團」（Army of Northern Virginia）。

北軍首任統帥溫菲爾德史考特（Winfield Scott），已經七十五歲。他打過第二次獨立戰爭，印地安戰爭，美墨戰爭，是繼華盛頓後最高階的軍事將領，擔任二十年的陸軍總司令。他擬定蟒蛇計畫（Anaconda Plan），要像條大蟒蛇般地，東南西三面封鎖，北方進逼，窒息南方，降低傷亡。北軍南進南軍新首都里奇蒙，在華盛頓南方的牛奔河遭遇抵抗。美國東部已經快五十年沒有戰爭。戰爭長什麼樣子？北軍輕鬆行軍，邊走邊摘黑莓吃。許多市民和一些眾議員，參議員，騎馬或搭馬車，貨車到兩軍對峙點看戰事。還有人帶著看歌劇的望遠鏡。

北軍，藍色軍服。南軍，灰色軍服。無論北軍如何進攻，南軍的兵團都不動如牆，湯瑪士喬納森傑克遜將軍（Thomas Jonathan Jackson）一戰成名，博得「石牆傑克遜」封號。北軍退回華盛頓。「石牆」也是西點軍校畢業生，後來在維吉尼亞軍校當教官。

「第一次牛奔河戰役」（First Battle of Bull Run），北軍死傷約三千人，南軍死傷約兩千人。看著潰敗的部隊回城，林肯憂愁又悲傷。一八六一年年底，他用三十四歲的麥克萊倫（George B. McClellan）取代史考特老將軍。麥克萊倫也是西點畢業的。

一八六二年，北軍在東線沒有進展。尤利西斯格蘭特將軍（Ulysses S. Grant）在西線戰區贏得幾場關鍵性戰役。田納西北部的「唐納遜堡戰役」（Battle of Fort Donelson），痛擊一萬六千名南軍。南軍求降，談判條件。格蘭特的回答是：立刻無條件投降。南軍只好無條件投降。「無條件投降」成為格蘭特的代稱。格蘭特也畢業自西點軍校。這場戰役南軍死傷和被俘約一萬兩千四百名，將近總兵力的八十％。

四月，田納西南部的「夏洛戰役」（Battle of Shiloh），雙方死傷共約兩萬四千名。南方的路易斯安那大城，紛紛被北軍海軍艦隊攻陷。北軍掌控西線戰場。人們關心的卻是東部戰線，那才是南北兩軍決勝負的戰略要地，雙方首都和精華區都在東線戰場。

八月，「第二次牛奔河戰役」。北軍被李將軍痛宰，死傷約一萬名。九月，「安提坦溪戰役」（Battle of Antietam），雙方都死傷超過一萬人以上，和「夏洛戰役」的慘烈相當。兩敗俱傷。雖然，北軍死傷較南軍嚴重，但是，北方具有兵力優勢。李將軍撤退，停止北進，渡過波多馬克河（Potomac River），回到維吉尼亞。

麥克萊倫手擁十一萬大軍，絕對的優勢兵力，卻進不能進，追不敢追。「它叫做波多馬克陸軍，卻只是麥克萊倫的近身衛隊。假如麥克萊倫用不上，我倒想借用一陣子。」林肯發怒，解除麥克萊倫的指揮官職務，由伯恩賽德（Ambrose Burnside）取代。維吉尼亞的「菲德雷克斯伯格戰役」（Battle of Fredericksburg），北軍又被痛宰，損失超過一萬兩千人。伯恩賽德將軍解職，胡克將軍（Joseph Hooker）接任，也是西點的。南北戰爭成為西點軍校校友的實戰實習場。「石牆」的維吉尼亞軍校子弟兵也在戰場上。

「任何一個叛離聯邦州的任何奴隸，將從此，而且永遠獲得自由。」一八六三年元旦林肯總統發表宣言。為聯邦而戰的政治折衷，回歸本來的真面目，為廢除奴隸制度而戰。宣言在當下雖沒能解放任何一個奴隸，聯邦政府管轄權不及奴隸州。但林肯相信，他如能歷史留名，就是這個宣言。事實上，宣言激勵我軍，分化敵營。南方有三百五十萬奴隸，北方有幾十萬自由黑人。

四月底，五月初的「錢斯勒斯維爾戰役」（Battle of Chancellorsville）。胡克兩倍軍力於李將軍，卻被切成一段又一段，最後慘敗。傷亡將近一萬七千人。南軍也付出約一萬

三千人的代價。最慘的是「石牆」遭到友軍誤擊，斷掉左臂，流血過多死亡。

李將軍雖然悲痛失去「石牆」，但他認為攻入北方的時機來臨。再度渡過波多馬克河，揮軍北進。胡克已被解職，由喬治米德（George Gordon Meade）擔任指揮官。又一個西點畢業生。南軍軍心浮動。因為，許多南軍志在保衛家鄉不受進犯，不想侵略北方。

六月三十日，李將軍派遣到蓋茨堡徵收鞋襪的小隊，遭遇北軍騎兵隊，雙方開戰。蓋茨堡在賓州境內，鞋襪產區。南軍缺鞋。意外的偶遇竟是死神的安排。

雙方援軍一波波趕到。米德統領約八萬八千人。李將軍統帥約七萬五千人。廣大的平坦原野，周圍有些小嶺，小山脊。是個適合大決戰，殲滅戰，騎兵戰的戰場。難躲砲彈和槍彈。

七月一日到三日，「蓋茨堡戰役」（Battle of Gettysburg）連續激戰三天。第三天南軍皮克特將軍（George Edward Pickett）奉命衝鋒突破北軍砲陣地。他率領一萬五千人死亡衝鋒，暴露在北軍砲火中，部隊陣亡一半以上，戰場上屍橫遍野。「七月的三天」北軍死傷兩萬七，南軍死傷超過三萬。南軍撤退，北軍沒有追擊。屍體堆積在現場，沒人處理。南北戰爭中最慘烈的一戰，戰局扭轉的關鍵性戰役，是美國史上連續三天死傷人數最多的戰役。每三個人就約有一個人戰死，不算受傷的。

隔天，西線報捷。格蘭特攻下密西西比北方的維克斯堡。「維克斯堡包圍戰」（Siege of Vicksburg）歷時約三個半月。約三萬三千名南軍，幾乎全被格蘭特殲滅。死傷約三千，投降約三萬。接著，「查塔諾加系列戰」（Battles of Chattanooga）結束。格蘭特大勝。南軍損失將近九千人。北軍已經兵臨南軍的大後方。

林肯不斷地果決換將，終於確信找到真正可信賴的將領。他沒有作戰經驗，但敏感度超乎常人。一八六四年初，林肯召喚格蘭特到華盛頓，任命他為北軍三軍統帥。

東線，格蘭特領軍十一萬五千。米德擔任陸軍總指揮。謝里登（Philip Henry Sheridan）擔任騎兵總指揮。西線，謝爾曼（William Tecumseh Sherman）領十萬大軍。總攻擊發起。兩線戰事初期都不順利。但，格蘭特的戰略觀和戰術風格有別於其他將領。他就是要直搗南方，一路挺進。「我想要的就是前進」是他的名言。戰事不利時，閣員向林肯報告，說格蘭特酗酒。「喝什麼牌子？我也給其他將領送一些。」林肯說。

七月，南軍打到華盛頓外圍三公里。格蘭特派出兩支部隊擊退南軍，解首都之圍。南軍北進除軍心乖離外，還有補給線過長的危機。南軍糧倉在維吉尼亞和大後方。八月，「莫比爾灣戰役」（Battle of Mobil Bay），北軍海軍攻陷阿拉巴馬的莫比爾。統帥艦隊的海軍將領法拉哥特（David G. Farragut）面對重重布雷，下的命令是：「去他的水雷，全速前進。」這也成為名言。北軍完全控制墨西哥灣。九月，謝爾曼捷報：「亞特蘭大是

我們的。」喬治亞也丟了。南軍東線被格蘭特一箭穿心。

十月，謝里登報捷。騎兵在維吉尼亞雪倫多哈河谷三戰皆捷。維吉尼亞的鐵路，醫院，道路，補給站，倉庫，穀物，農作物，工廠，穀倉，全部都是格蘭特要優先摧毀和燒光的軍事目標。癱瘓「北維吉尼亞軍團」的機動力，餓死他們，徹底消滅他們的信心。格蘭特當年幾乎是全班最後一名成績畢業的。十一月總統大選。捷報連連，林肯連任競選，士兵都支持林肯。林肯大敗麥克萊倫，兩百一十票比二十一票。

美國偉大的時刻來臨。一八六五年一月三十一日，憲法第十三條修正案繼參議院通過後，在眾議院通過。美國奴隸制度永遠廢除。林肯成為「為數百萬受虐者砍斷鐵鍊的總統」。他稱這個憲法修正案是美國「道德上的偉大勝利」。

「這個戰爭的大天譴，是國家必須為百年加諸黑人的不平等待遇，付出的代價。」「讓我們為完成現在的工作，奮鬥到底。為全國的傷兵療傷。照顧在戰場上戰鬥到底的人，照顧他的寡婦和他的孤兒。」林肯的總統就職演說。

四月二日，格蘭特突破維吉尼亞防線，攻進里奇蒙。戴維斯和李將軍撤出，南軍放火燒城。北軍進城，降下邦聯旗，升上星條旗。九日，格蘭特南下維吉尼亞中部的阿波麥托克斯見李將軍，傳達林肯議和的最高指導原則：「給他們最沒有限制的條件，讓他們

ARMY OF NORTHERN VIRGINIA
HILL'S CORPS PENDER'S DIVISION
POAGUE'S BATTALION WARD'S BATTERY
THE MADISON (MISS.) LIGHT ARTILLERY
THREE NAPOLEONS ONE 12 POUNDER HOWITZER
JULY 2 LATE IN THE EVENING THE NAPOLEONS WERE PLACED IN POSITION ABOUT 400 YARDS EASTWARD FROM THIS POINT
JULY 3 THE NAPOLEONS PARTICIPATED ACTIVELY IN ALL THE OPERATIONS OF THE ARTILLERY DURING THE DAY INCLUDING THE CANNONADE PRECEDING LONGSTREET'S ASSAULT WITHDRAWING AFTERWARD TO A POSITION NEAR HERE THE HOWITZER WAS KEPT IN THE REAR AND TOOK NO PART IN THE BATTLE BUT WAS HELD IN READINESS TO RESIST ANY ADVANCE OF THE UNION FORCES
JULY 4 IN THE EVENING ABOUT DUSK BEGAN THE MARCH TO HAGERSTOWN
LOSSES NOT REPORTED IN DETAIL

—北維吉尼亞軍團戰線。

仍然有馬可以耕作，有槍可以打烏鴉，我希望沒有人受罰。」李將軍說：「這樣對安撫我們的人民大有幫助。」雙方握手，互表佩服。格蘭特向林肯報告：「李將軍今天下午在我所提條件下，率北維吉尼亞軍團投降。」南北戰爭到此結束。林肯指示：「讓他們容易站起來。」

五天後，四月十四日，林肯總統在劇院包廂被暗殺。子彈打進他的後腦。十五日早晨，林肯在昏迷中過世。暗殺集團是白種人優越主義者。

戴維斯拒絕承認失敗，向南走。五月十日，在喬治亞被聯邦軍隊逮捕。監禁兩年後，十萬美金保釋。一八六八年，約翰生總統大赦聯盟國所有軍官，終止以叛亂罪起訴戴維斯。

四年多的南北戰爭，南北軍死亡的總額超過美國史上所有的重大戰爭的總死亡人數。獨立戰爭三萬，二戰四十一萬，韓戰六萬多，越戰近六萬。波斯灣戰爭，阿富汗戰爭，伊拉克戰爭，三場戰爭不到一萬。這幾場戰爭美軍總共約死亡五十七萬人。南北戰爭死亡約六十二萬人。

「蓋茨堡戰役」的屍體一直沒有掩埋。最後，闢建國家公墓處理。一八六三年十一月十九日，林肯揭幕致詞。短短十個句子，兩百六十七個字，演說歷時三分鐘。這是其中的兩句：

「我們無能奉獻，我們無能供奉，我們更無能使這塊土地神聖。勇敢的人，活著的，死去的，在這裡拼搏，已經神聖了它，遠超過我們可憐的力量所能增加或減損。」

「上帝之下將有自由的新生，一個民有，民治，民享的政府，將不會從地球上消失。」

林肯被譽為是最後一個用字遣詞富有才氣的總統。

「七月的三天」是蓋茨堡國家紀念園區旅遊簡介的標題。園區佔地廣闊，一派清幽。主館是蓋次堡戰爭博物館。戰爭繪畫製作成三百六十度，環繞型的聲光影科技劇場，重現戰場。「七月的三天」有李將軍，米德將軍和林肯的頭像，以及三天的戰情圖。館外的石椅上坐著林肯雕像，任人同坐，擱肩搭背，合影留念。

戰場巡禮請開車自由行。全長二十四英里，約三十八點四公里。一路上有大砲，雕像，堡壘。特別喜歡阿拉巴馬人的三個男女雕像組合，刻著「你們的名字刻在聲名不朽的書卷上。」賓州的陣地蓋個城門。一位全身蘇格蘭傳統服裝打扮的風笛手，在拱形門內走動。忽遠忽近，有點蘇格蘭獨立的神秘和悲涼。

離開古戰場，到蓋茨堡小鎮，人口不到八千。市中心有林肯住過的旅館，和友人散步打招呼，左手揮著高帽的雕像。餐廳賣的漢堡以軍事詞彙命名。將軍漢堡大概有十種。南軍漢堡，北軍漢堡都有。就是漢堡插上不同旗幟，配合點餐菜單。根據出生地，卡羅斯帥哥和寶哥點南軍漢堡，我點北軍漢堡。南北軍漢堡份量一樣都很多。美元五十元鈔票上的人頭就是格蘭特，紀念他戰勝南軍保住聯邦。

｜蓋茨堡戰場。

林肯。（上）
大砲佈陣。（下）

「我真正說的是，沒有人好到可以未經他人同意，就去管理他人。」「我堅決相信民眾。如果讓他們知道真相，他們便可以據以應付任何的國家危難。最重要的是將事實帶給他們。」「選票比子彈更有力。」林肯有許多名言。

林肯是美國開國國父們的真正繼承者。六十二萬人性命犧牲，解放四百萬黑人和他們世世代代的子孫。《獨立宣言》經歷近百年，「人被造而自由」大體實現。「人被造而平等」是下個百年追求。美國民權運動的故事主戰場在更南方的喬治亞和阿拉巴馬。

（Shutterstock 提供）

（Shutterstock 提供）

五元美鈔人像：林肯。
美國開國國父們的真正繼承者。（上）

五十元美鈔人像：格蘭特將軍。
打贏無數關鍵戰役。代稱「無條件投降」。（下）

48 謙卑謙卑再謙卑的阿米許：蘭開斯特

哈里斯堡（Harrisburg）是賓州首府，國道十五號直達，過薩斯奎哈納河（Susquehanna River）就到地頭。夕陽已落，薄暮時刻。兩座跨河老橋橋墩一個接一個，橋墩中一個個拱形橋洞遠看緊密相連，接近圓形。前橋的圓形橋洞直透到鄰橋的圓形橋洞，少見的橋景。有藝術性，當年想是富庶寶地。

進到議會大廈前。街道上的建築物大都是三層樓高度，有的可能只是一層樓，挑高三層，像教堂。土色和磚色牆為基調。幾個屋頂上高低不同的塔尖，天際線因而顯得多變活潑。議會大廈也是類如國會大廈版本，只是圓頂的顏色不同，淺綠色的。

美國政府在三哩島事件報告中，明白指出對附近沒有產生嚴重的輻射影響。但是，政府的公信力必遭質疑，是合理的人性。三哩島就在薩斯奎哈納河中，哈里斯堡的東南方約二十二公里處。當年三哩島核電廠部分爐心熔毀。事件後，十四萬人陸續離開這個區域。哈里斯堡人口嚴重外流，二〇〇〇年首度跌破五萬人。

哈里斯堡南行，開到約克約三十分鐘。約克人口連續衰退五十年，現在約四萬人。蘭開斯特（Lancaster）在約克東方約四十公里，郡內有個阿米許（Amish）居住地，約四萬七千人。阿米許社區在鄉間，視野開闊，最高的建築就是直聳聳的糧倉。

不使用電力是阿米許人的最獨特識別。沒有車庫，因為不能開車。車有發電引擎。訪客可以開車，請停路旁。各村落的戒律不盡相同，有的已經放寬。青少年可以開車，經過一段時間，再選擇是否回歸阿米許，或離開阿米許社區。

房子邊有白色大瓦斯桶，瓦斯屬天然，電力不是。現在已有人屋頂裝太陽能板，太陽是天然的。可不可以有電話？可以，請放室外，太陽能電池充電。可不可以開特斯拉電動車？不使用炫耀性，虛榮性的商品是阿米許的基本戒律。

馬車和居民服裝是阿米許社區的外在特色。馬車沒有西部電影中的封閉馬車廂。只是一個簡易坐台，連接左右兩個鐵輪。能坐能跑就

一蘭開斯特訪客中心。

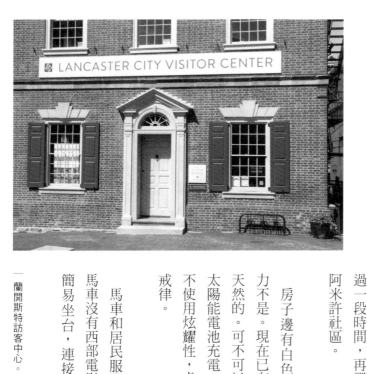

一 阿米許不能使用電力，所以不能使用汽車。

行。前面一匹馬拖著，喀喀喀地一個人駕著慢跑前進。機車，汽車，電視，冰箱都屬於外太空。沒有電力供應家電設備。

搭上廂型旅行車，參觀阿米許家居。家禽和家畜以及田園就在家屋旁。正當剃毛時節，羊兒都已羊毛離身，露出薄薄羊皮，和皮下隱約的粉紅肉影。可能也不是真正的阿米許家庭，是專為觀光旅遊特別打造的景點。阿米許不會樂意被外人入侵社區生活。

驕傲在阿米許社區絕對不允許。謙卑，謙卑，再謙卑，長輩講話要乖乖聽，順從去實行。被打左臉，右臉迎上去。阿米許人奉行和平主義，不使用暴力，不抵抗暴力，當然就拒絕當兵，不准當公務員。政府就是個暴力合法化的體系。

阿米許人不保險，無法融入美國的社會福利體系，特別是花費最高的醫療。所以，阿米許不必繳稅。沒享受福利，當然不用繳稅。阿米許不追逐世俗名利，八年級以後就不必再上學。阿米許的生活讀到八年級的知識已經夠用。

控告阿米許不當兵，不繳稅，不送孩子上學的結果是什麼？美國聯邦大法官已做出一些判例，憲法保障宗教自由。任何法庭宣判阿米許的這類情事違法，都是違憲，通通無效。封閉性的數百年社區和社群，總帶著近親繁殖的基因。性侵的家醜不能外揚，教長做些處罰了事。相較於一些國家不同教派殺得流離失所，阿米許在美國算是幸運。

阿米許農場。高高的是穀倉。（右）

阿米許沒有車庫，沒有停車位。（左）

| 49 |

中國是美國再度偉大的希望

美東有著特別的親切感。一九八七年，人生第一次出國，就是到美東，採訪「台灣民主聖火長跑返鄉運動」。

「台灣民主聖火長跑返鄉運動」由美國台灣人公共事務協會（FAPA）主辦。當時的會長是彭明敏博士，執行長是蔡同榮博士，運動總幹事是鄒武鑑。聖火隊分兩組接力，晝夜不停，從紐約砲台公園（Battery Park）跑向華盛頓ＤＣ。深夜兩三點還有台灣同鄉，在寒冷的公路旁送飲料和食物。砲台公園就在曼哈頓下城，華爾街地下鐵車站幾分鐘的距離。公園旁就有自由女神的眺望點和前往自由島的輪渡碼頭。

兩天後，台灣民主聖火進到華府ＦＡＰＡ辦公室。隔天早上再跑到美國國會。參院外交委員會主席佩爾（Claiborne Pell），參議員愛德華甘迺迪（Edward Moore Kennedy），參議員勞登伯格（Frank Lautenberg），和眾議員索拉茲（Stephen J. Solarz）等人都在場迎接台灣民主聖火。

佩爾擔任參議員三十六年，羅德島選出。愛德華甘乃迪是約翰甘迺迪總統的弟弟，擔任參議員四十七年，麻薩諸塞州選出。勞登伯格的參議員生涯約二十八年，紐澤西選出。索拉茲的聯邦眾議員生涯，共十八年，擔任過眾院外交委員會亞太小組主席。由紐約第十三選區選出。這四位美國聯邦參眾議員都已經在二十一世紀過世。

台灣近代的民主香火，得自美國的傳承和保護。就類似今天要營救和庇護中國維權人士，需要美國進行干涉。從追求民主價值的角度，台灣需要美國，中國需要台灣和美國。當年，黃信介要護送一支台灣民主聖火回台都不可得。得火種先行，火炬棒後走，秘密潛回台灣。現在的台灣新世代難以想像的故事。

拜訪FAPA辦公室，顧問還是昆布勞。大家都叫這老美「睏不老」。睡越久越年輕。他的主要工作是台美人的美國國會聯絡和遊說。

美國在一九七九年一月一日和中華人民共和國建交，和中華民國斷交。三月二十八日和二十九日，參眾兩院通過《台灣關係法》

民主聖火長跑當時海報。
圖片網址：
http://taiwaneseamericanhistory.org/blog/195-torch-in-bridge-201602/

（Taiwan Relation Act），四月十日卡特總統簽署。美國的「一個中國」政策明確落實。「一個中國」就是中華人民共和國。美國不承認世界上有中華民國的存在。美國承認台澎是個主權國家。這就是美國「一中一台」政策的由來。中華民國被世界上主要的國家唾棄，本質上基於雙重不正當性。一則，已失去中國的主權，領土和人民。二則，在台澎實施人類史上最長的軍事戒嚴，獨裁統治。

中美建交是個明智的務實選擇。當時的中國暴露在蘇聯的核子威脅下。美國成為中國的保護國。戰略利益是聯中制俄。經濟利益是看中中國的廣大市場。但是，美國錯估中國共產黨一黨專政的本質，以為可以透過市場機制，促進中國的民主化，進行所謂的「和平演變」。

——民進週刊封面。一九八七年創刊。（右）

——左起：費希平、彭明敏、索拉茲、黃信介。（左）

一九八九年「天安門事件」，美國雖然已有警覺，但是，還沒有完全覺醒。一九九一年蘇聯解體，美國更沉醉在冷戰結束的戰略勝利中，而不是嚴肅認知戰略格局已經改變。對市場的渴望，美國人和台灣人一樣，一波波湧入中國。台灣人去中國大都是中小企業主，美國人去中國的都是大資本家和大企業。他們自願地成為替中國遊說的「紅隊」。二十一世紀中國崛起後，已經有龐大的實力收買各領域的紅色說客。

這些都可以忍受。不能容忍的是「和平演變」的希望完全落空。中國不但沒有因為經濟成長而開放，反而透過竊取美國的技術，更嚴密控制中國人民。中國不但沒有感謝世界對中國的善意和實質援助，反而破壞國際秩序，完全沒有道德標準，透過不公平競爭，展露稱霸世界的猙獰面目。美國社會的全面徹底覺醒始自二〇一三年習近平當權後。習近平當家，中國野心全面暴露，一帶一路，擴建南海島礁，耀武揚威，羞辱美國。簡單說，中國就是「厲害了，我的國」。

事實上，美國領導階層不是不知不覺。民主的國度不會是一言堂。二〇〇〇年出版的《中國威脅》（*The China Threat*），作者比爾格茨（Bill Gertz）已指出中國長期將挑戰美國的國家安全，這是「中國威脅論」的代表作。雖然這種認知當時沒有成為政治和社會共識的主流，但是，趨勢總是需要時間形成。

二〇一一年，《致命中國──面對龍──一個全球的行動召喚》（*Death by China: Confronting*

the Dragon-A Global Call to Action），兩位共同編輯彼得那法若（Peter Navarro）和葛瑞格奧特瑞（安一鳴，Greg Autry）以經濟數據論述中國正以貿易手段，造成美國失業人口高漲，正在搞死美國。這本書深受川普重視，影響川普的競選策略。川普當選後，成立「白宮國家貿易委員會」，就由彼得那法若擔任主席。

二〇一六年，白邦瑞（Michael Pillsbury）的《百年馬拉松》（*The Hundred-Year Marathon*）更是當頭一棒。他直說寫這本書的意圖，就是「要說服美國官員和台灣領導人，公開承認嚴重錯估和低估北京的野心。」這本書最有利的說服力，就來自習近平狼子野心的暴露。美國民主黨和共和黨總是對立，竟然在強硬對付中國的立場上獲得共識。民主國家的共識形成緩慢，一但共識形成，要改變就相當不容易。

「台灣加入聯合國的議題，美國怎麼看？」

「台灣加入聯合國，美國不關心。共和黨議員還要求美國退出聯合國。」

台灣人的問題之一是用自己當標準，而不是用世界當標準。這特別發生在外交事務，從一九七一年「退出」聯合國，撒謊至今，愚民已約達半世紀。

「中國的遊說團那麼強大，有能力和他們對抗嗎？」

「他們以前很強，但是，現在的遊說成果幾乎等於零。美國人只要開口問，香港呢？法輪功呢？維吾爾人呢？中國人權呢？台灣問題呢？他們就只好閉嘴。」

「美國人不會反對台灣獨立吧？」

「自由，民主，自決，獨立，美國沒人會反對。這是美國人的基本信仰。」

「美國人害怕失去台灣嗎？」

「台灣一失，威脅關島和夏威夷。海底電纜落入中國手裡，日本就會失去最起碼的現代生活能力。」

「中華民國對美國是什麼意義？」

「美國不用ＲＯＣ，這國家不存在。美國不承認這個國家存在。美國一直用台灣。事實上美國和世界都陰著對中國，中國不讓台灣加入ＷＨＯ，美國就把ＷＨＯ的實質情報給台灣。」

「美國觀點中，台灣對中國的真正意義在哪裡？」

「中國海岸水淺，唯一的深水港大連，冬天會結冰。台灣東部港灣，才能讓中國潛艇和航空母艦停靠。」

他滑手機給我看衛星地圖的台灣東海岸，一片深藍。

「這裡水很深，理想的潛艦基地。中國對台灣的真正軍事企圖在這裏。」

「ＦＡＰＡ成功嗎？如果是成功，成功的理由是？」

「ＦＡＰＡ董事會就有八十多人，兩三千個家庭，是個具有草根性的組織。董事們不自私。」

台灣是個強大的經濟實體，無論是在總體經濟總額或人均所得，都是全球的前段班。

但是，經濟總量對中國影響甚小，不是中國圖謀的所在。政治和軍事才是中國覬覦台灣

的目的。熱誠相見，真心對話，愉快道別。

台美人喜歡用ＤＣ簡稱華盛頓特區。ＤＣ的人均收入已約達十九萬美金。以一美元對三十一元新台幣換算，約是五百八十九萬新台幣。如果以十二個月計算，平均月薪約是四十九萬元新台幣。這是平均數。台灣的薪資水平就算月薪三十萬，在ＤＣ也只是可憐的中下階層。

ＤＣ是全美消費最昂貴的都市。個人月消費，ＤＣ排名全美第三，中位數約三千兩百五十美元，約合新台幣十萬元。四口之家月消費，ＤＣ排名全美第一貴，中位數約九千美金，約合二十八萬新台幣。台灣領薪水的上班族，攜家帶眷到ＤＣ，生活必然拮据。

ＤＣ三臥房的房租中位數約五千四百美元，約合新台幣十六萬七千元。一個政府駐美代表處組長的位階，租個三房兩廳相當合理，但以他們的本薪，沒人租得起。必須另有住房補助。外交是台灣最重要的戰場之一，國營事業的董監幾乎全都是酬庸，酬勞應該減半再減半，作為外館的補貼。這會是什麼法案呢？

華府台灣同鄉會邀六七人，請我們吃飯。過去見過的，沒見過的，總能一見如故。賴義雄博士召集，他是戰略專家。好消息是ＧＴＩ（Global Taiwan Institute）全球台灣研究中心，台灣人最大的在美智庫，即將成立。GTI二〇一六年九月在DC揭幕，賴義雄擔任董事長。他已於二〇一八年五月中風過世。

GTI基金的最大捐贈者，是在紐約經商的黃文局，他捐出約二千四百萬美金，號召其他四十一位共同創辦人，每人出資十萬美金。GTI在DC的黃金地段，買下辦公室。智庫的研究重心在國防和外交。黃文局隨後也回台灣定居。多次相見，他的健康情況糟糕。

第一代台美人心念台灣。第二代台美人普遍不關心。他們拚命除去台灣標籤和亞洲標籤，成為真正的美國人。第三代已經都是美國人，想看看阿公阿媽來的地方。

台灣獨立運動可以追溯更早，但從日本大本營轉移到美國後，才發展成全美組織，再擴展到全球。自由的國土，孕育自由的種子。當年台灣獨立運動中，海外「民主先於民族」「民族先於民主」的理論和路線鬥爭，已隨歲月遠去。民族先於民主並不是美國精神和美國價值。

無論是中國恐嚇台獨，或是中國國民黨反台獨，甚至是在台灣高喊支持台獨，主張台獨不同於華獨，台灣的獨立議題恐怕早在二十世紀進入歷史。

根據《蒙特維多國家權利義務公約》（Montevideo Convention on the Rights and Duties of States）的明確規定，國家作為一個國際法人，有四大要件：常在的人民，明確的領土，政府，以及參與其他國家的關係。公約簽署以英法西葡四種語言。這樣的國家定義不只限於簽署國，也被及於海牙國際法庭的判決原則。

國家主權有宣告說和構成說。不管哪種主權理論，台灣都已充分具備主權國家的要件。為避免中國擴大爭議，台灣繼續維持邦交國。為擴大爭議，中國努力蓄意挖掉台灣的邦交國，已經引起美國的高度關注。

（Shutterstock 提供）

一 在紐約港的自由女神雕像。

獨立不是台灣的議題。制訂憲法才是台灣眼前的歷史進程，無所迴避。台灣存在兩種假聲音。一種是美國基於自己的利益，不會為台灣的利益和中國開戰。事實正好相反，民主自由是美國的最高立國價值的所在。台灣的獨立存在，最符合美國的戰略利益。另一種是美國不想打戰。事實也正好相反，第一，這話是有說等於沒說，誰想要打戰？第二，事實上，美國就是最愛打戰，打最多戰，最有能力打戰的國家。

戰爭常常是出於誤判。近年來，美國在台灣海峽和台灣其他周邊的軍事行動，就是亮劍。警告中國不要誤判，宣示著只要中國敢亂動，美國歡迎一戰，也做好準備。

戰爭的形式和武器已不同過去。第一擊的密集波段戰術性重要無比。但是，打戰的長期持續能力，才是勝負的關鍵。打戰打的是經濟，先摧毀中國的經濟，具有高度的戰略優先性。雖然，打戰本身就對經濟致命，但是，先打經濟戰，有助於削弱好戰的野心。

中國利用世界的科技和善意，完全無視於民主，公平，正義和人權的普世價值，美國各界對中國和平演變的幻想已經破滅。就美國的政體運作，無論誰當總統，和中國關係的本質性改變，都已正式開場。如果用美國的開國立憲精神，號稱五千年歷史的中國，距離真正開國的日子還不知道有多遠。

只要中國共產黨還統治中國，美國就會繼續強盛。這是旅行到此的感想。中國是美國再次偉大的希望。

50 對總統最無情的國度：美國

美國人用總統用得很兇。對總統最無情的國家，就是美國。

建國二百三十年來，不包括還在任的川普總統，總共四十四任，平均每位總統任期約五年兩個月，憲法兩任八年的上限規定，執行率打六五折。二十位總統連任，二十四位總統沒連任。連莊率約四十五％，一次下莊的約五十五％。

除去美國的開國國父們，從昆西亞當斯起算，三十九位總統，連任十六位，二十三位沒連任。連任率只有四十一％。

南北戰爭後是漫長的重建時期。田納西在率先在一八六六年，重新加入聯邦。再過約兩年後，阿肯色。接著，路易斯安那，佛羅里達，北卡羅來納，南卡羅萊納，阿拉巴馬都在一八六八年跟進。一八七〇年，維吉尼亞帶頭。密西西比，德克薩斯，喬治亞，全部重回聯邦。

南北戰爭後，共和黨稱雄總統寶座。第十六任是林肯，連任，共和黨。

第十七任安德魯詹森。他是林肯的副總統。林肯被暗殺他繼任。沒連任，民主黨。第十八任格蘭特。連任，共和黨。第十九任海斯。一任，共和黨。第二十任詹姆士菲爾德。就任六個半月遇刺身亡，共和黨。第二十一任切斯特愛倫。副總統繼任，沒連任，共和黨。二十四年中，沒有一位民主黨總統候選人競選成功。

第二十二任克里夫蘭。一任，民主黨。第二十三任哈里森。一任，共和黨。第二十四任克里夫蘭，隔任當選。一任，民主黨。第二十五任麥金萊。連任，第二任期被暗殺，共和黨。第二十六任狄奧多羅斯福。副總統繼任，連任，共和黨。第二十七任塔伏脫。一任，共和黨。第二十八任威爾遜。連任，民主黨。第二十九任哈定。一任，心跳突然停止死亡，共和黨。第三十任柯立芝。副總統繼任，連任，共和黨。第三十一任胡佛。一任，共和黨。

總計，十七任中，共和黨十三任，占七十六%。民主黨四任，占二十四%。將近四分之三個世紀，共和黨還在享受廢除奴隸制度的紅利。但是，國會議員的部分未必見得。南方的民主黨牢牢控制著國會議員和州長的席次。

憲法第十三修正案，已廢除奴隸制度和強迫勞役，除非是犯罪懲罰。第十四修正案，定義公民權，特權和豁免條款，處理戰後問題。沒有土地和財產的人也具有選舉權。第十五修正案，選舉權不能因種族，膚色，或曾服勞役而被剝奪。沒有提到性別，只限男性有投票權。第十七修正案，代表各州的參議員由民眾直選。第十九修正案，選舉權不

美國總統全圖，頭一任華盛頓總統到第四十二任小布希總統。

因性別受限。確立女性選舉權。第二十修正案，修正國會任期自一月三日起，總統任期自一月二十日起。國會先行，總統好辦事。第十八修正案和第二十一修正案相互抵銷。前者禁止在美國國內製造和運輸酒類。後者廢除。

第二十二修正案，限制總統只能參選兩次，和代理其他總統職務的時間相加，最多不能超過十年。因為第三十二任總統，富蘭克林羅斯福，任期中遇到第二次世界大戰。連四任，總共十二年一個月又八天，死於任上。華盛頓總統樹立的兩任典範，傳承一百四十五年的偉大傳統被打破。惡例只此一次，不准再犯，明文規定。第二十三修正案，總統繼任超過兩年，不能當選超過一次。就是說，如果繼任總統的任期在兩年內，就還可以選兩次。讓第二十二修正案更明確。

第二十三修正案，規定華盛頓特區選舉人團的代表指派方法。華盛頓特區不是州，也不屬於任何州，過去沒有選舉人團的憲法法源。現在，華盛頓特區依據修正案，有三張總統副總統選舉人票，但是沒有參議員，只有一位列席眾議員，沒有投票權。

第二十四修正案，禁止因為沒有支付人頭稅而撤銷投票權。「有錢人才有投票權」的時代完全終結。第二十五條修正案，決定總統法定繼承程序。國會過去曾通過「總統繼任順序」，這個修正案有更上位的程序明確依據。包括總統和副總統，宣告無法行使職權後，怎麼聲請回復職權等等。

根據美國總統繼任順序。依序是：副總統兼參議院議長，眾議院議長，參議院臨時議長，國務卿，財政部長，國防部長，司法部長，內政部長，農業部長，商業部長，勞工部長，衛生及公共服務部長，住房及城市發展部長，運輸部長，能源部長，教育部長，退伍軍人事務部長，國土安全部長，總共十七個繼承順位。排序就是按照美國政府各部成立的時間順序。總統繼承者都必須符合憲法第二條的規定。出生時是美國公民，年滿三十五歲以上，居住美國滿十四年。排序中不符合規定的就剔除。

第十二修正案影響深遠，早在一八〇四年通過。改成總統和副總統分別投票。選舉人每人的兩票，一票投總統，一票投副總統。副總統再也不是過去由第二高票的人當。修正案的影響逐步發展，林肯在一八六四年南北戰爭期間，首度採用搭檔競選。總統一票選他，副總統一票選民主黨的安德魯詹森，跨黨搭檔。創造十比一的超級懸殊比數。隨著政黨政治的成熟，各黨建立總統和副總統的提名制度，總統和副總統候選人就綁在一起搭擋競選，就是基於這個修正案的憲法法源。

第二十六修正案，年滿十八歲就有選舉權。一九七一年七月一日通過，已有四十八年之久。

第二十七修正案，國會議員薪酬的變更，必須在下一次議員選舉後，才能生效。這個修正案的精神就是美國法學家馬丁高定（Martin Golding）論程序正義的三大標準之一：

中立性。「與自身有關的人，不應該是法官。」「結果中不應該含有糾紛解決者的利益。」

這個修正案一九九二年五月通過，是美國最近通過的一個憲法修正案。從此，國會議員自肥違憲。程序正義入憲的憲政里程碑。二〇一九年民進黨黨內總統初選，蔡英文總統的表現，儼然是個對程序正義完全無知的政治行外人。

憲法增修到此，美國民主制度已相當完備。選舉權不分種族，膚色，性別，財富，有沒有欠稅。但是，事實遠非如此。奴隸制度廢除，南方實施「平等，隔離」的種族隔離政策。雖有投票權，但製造黑人投票障礙。美國民權運動就這樣展開。等到阿拉巴馬再細說。

華盛頓特區建築在沼澤上。沒有天然美景。當初只約一萬四千居民。現在總人口近百萬，約六十萬是長住居民，約四十萬是流動人口。首都不是農業區，工業區，或商業區，卻到處是名勝古蹟，成為觀光區。論古蹟，年齡都還很淺。論名勝，軟硬體都傲視全球。一個勇氣，智慧，藝術構成的城市。完全不得自於大自然的賦與。

民主就是法制和法治。民主的深化就是法制長期不斷健全修正的實施結果。

51 RV旅行首途：維儂山莊

維儂山莊（Mount Vernon）是華盛頓故居，在華盛頓特區南方約四十分鐘的車程。露營車開動，告別東岸旅程基地派克斯維爾（Pikesville）。

美東的主幹線州際九十五號是全美最繁忙的公路之一。進出大城市露營車不方便停。因此，我們租用環美以來的第五輛車，大約開兩千公里。加上西岸旅程，八千四百公里的公路旅行已經過去。

露營車（Recreation Vehicle，RV）不能停一般的停車位，加油也不能在小車通道，屬於和大卡車，遊覽車同級。排水，加水和夜宿，都有特定地點，不能隨便排放水和路邊停。露營車的相關資訊充分揭露在RV的網路社群。開到哪裡，查到哪裡。

維儂山莊是超人氣的觀光勝地。人車熱鬧。進門就是訪客服務中心。四人立姿雕像在大廳中央，洋溢著天倫情深的氣息。高大健壯的華盛頓身穿長大衣，腳穿長靴，右手牽稚兒，左手被摸得金亮。瑪莎頭戴家居便帽，左手搭稚女後背，右手也透著常被摸過的微亮。兩個小孩，不知是兒女，還是孫子。華盛頓並沒有親生兒女，但鍾愛瑪莎和前夫生的兩位繼子女。

穿過訪客服務中心，就是開闊的農莊。建築物都是白牆，紅色斜屋頂。主屋兩層，上有煙囪。樸實高貴的農莊。維儂山莊是華盛頓三歲時，父親奧古斯頓移居的農場，位在波多馬克河上游和小獵溪（Little Hunting Creek）交匯處。當年醫藥不發達，父親奧古斯頓的第一任妻子早死。二任妻瑪莉生下四男一女，華盛頓是二任妻的大兒子。

華盛頓最喜歡小獵溪農場。他父親還有其他的農場。同父異母的哥哥勞倫斯遊學英國回來，兄弟喜歡在小獵溪農場共渡時光。當時哥哥二十歲，優雅的氣質和見識成為小喬治的偶像。喬治華盛頓才六歲。

父親五十八歲過世，喬治華盛頓十一歲。小獵溪農場由勞倫斯繼承。勞倫斯三十四歲死於肺結核，小獵溪農場由他的女兒莎拉繼承。莎拉在他父親死後兩年也過世。二十二歲的華盛頓成為農場的新主人。農場原來只是一間一層半的小屋，和一些附屬建築。

維儂山莊訪客中心大廳。

二十六歲時，華盛頓成為維吉尼亞殖民議會的議員。隨後，和富孀瑪莎結婚。她繼承一萬七千英畝土地（約七千甲），兩棟豪宅，一大筆錢和很多奴隸。華盛頓本來就行政能力很強，農場經營有方。結婚後，實力更雄厚，舞台更大。小獵溪農場逐年擴張。華屋，果園，花園，畜牧場，穀場一一而出。後來，華盛頓將小獵溪農場命名為維儂山莊，紀念他跟隨過的英國海軍上將愛德華維儂（Edward Vernon）。

早期的農場就是自給自足的生活天地。食物自產，衣服自織，房屋，馬廄，穀場自建。波多馬克河和小獵溪河畔，是個樹木茂盛，土地肥沃的地方。種植菸草，小麥和玉米，大麻賣給英軍。奴隸捕鮭魚，家用或拿到市場銷售。菸草是農莊最主要的收入，出口到歐洲。

華盛頓發現大多數的利潤都在產銷過程中，被運輸和貿易商賺走。他改種不必出口遠運的作物，大麥，苜蓿，蕎麥，亞麻，和大麻等。接著建磨坊，碾磨自己和別人的收成。華盛頓成為一個成功，富裕，受人尊敬的年輕鄉紳。他和美國的前六位總統出身完全不同，是唯一沒受過大學教育的。約翰亞當斯畢業於哈佛。傑佛遜畢業於威廉與瑪麗學院。麥迪遜畢業於普林斯頓。門羅進到威廉與瑪麗學院兩年後，獨立戰爭爆發，跑去從軍。昆西亞當斯也是哈佛畢業。

華盛頓本來就是個農夫，一生也愛以農夫自居。在英國和法國爭奪殖民地時，他參加

英國對法印聯軍的戰爭。真正的第一份正職工作是當勘查隊的土地測量人員。領薪水後開始自己買土地，擴展農場事業。在對法國和印第安人聯軍的戰爭中，他表現出眾，受到賞識。開始越來越擴大服務公共事務的人生。獨立戰爭爆發，這位生活樸實的富有地主才結束十六年的優渥人生，奔赴前線，為國效命。

維儂山莊佔地八千英畝，約三千兩百甲。現在開放成為觀光勝地的只有兩百英畝，約八十甲。一八六〇年，房子和兩百英畝土地賣給非營利組織維儂婦女會，闢建為紀念園區。山莊內有華盛頓之墓，瑪莎就葬在他旁邊。奴隸紀念堂和墓園，是埋葬和紀念在維儂山莊工作過的奴隸和自由黑人。博物館中，有華盛頓早年的佩劍，和可折疊的行軍床，以及晚年的假牙。除假牙不能拍照外，其他的

—家屋才是華盛頓心靈的歸宿。

歡迎自由攝影。華盛頓的威士忌酒廠和磨坊，不在山莊，在三英里遠的地方。

主屋內的佈置陳設，是事後根據華盛頓未完成的設計重置。綠色牆面，白色屋頂，淺藍桌巾，壁爐是白色框。維儂山莊是華盛頓最喜歡的地方。他繼承時主屋只有一層半，他改建成兩層。兩任總統任滿，回到故居。八年間田園荒廢，牲畜減少。破落的景象不是一個農夫所能忍受。他不斷整建，親自督導設計和建造，生氣蓬勃的農場和典雅的家屋，才是他心靈的歸宿。坐在主屋後院的椅子上，青綠的草地，前方就是波多馬克河。居高臨下，樸實中格局非凡。華盛頓退休返家後，晚上老友來，喝杯香檳，最是開心。他生活規律，晚上九點就寢。天天都有陌生人來訪，表達內心對他的尊敬。華盛頓總說，好奇心比尊敬心更符合事實。

一 後院前方就是波多馬克河。

「唯有奴隸制度徹底根除，聯邦政府才能永世。如果因為奴隸，造成南北分裂，我會離開南方，加入北方。」獨立革命成功後，他這樣告訴朋友。幸好，他過世六十年後才發生南北戰爭。不然，這個維吉尼亞之子，要變成美國之子，和維吉尼亞作戰，怎麼辦？

華盛頓的遺囑中特別交代，解放奴隸前，要先教育奴隸的孩子會讀書寫字，學習一技之長。這願望無法實現，維吉尼亞的法律禁止奴隸受教育。即使到南北戰爭結束，經過二十年國家重建，一八八〇年，南方黑人還有七十％是文盲，全國不識字率只有約八％。

臨終前幾天，他的秘書里爾安慰他病情會好轉。華盛頓說：「這是每個人都必須償還的債務。」他交代要葬在維儂山莊。華盛頓過世，瑪莎說：「一切都結束了，我也將隨為他而去。」三年後，瑪莎去世，葬在華盛頓的墓地旁。

華盛頓去世的消息傳開，舉國哀傷。英格蘭降半旗致敬致哀。首都政要和市民萬人沿街追思。一匹高大的駿馬走過群眾。馬鐙上放著皮靴，靴尖朝後，代表著主人已經離開人間。

露營海灘。我們旅行的 RV 車。（中）

52 美國稱霸全球的起點：諾福克

夜奔阿莎提克島國家海濱（Assateague Island National Seashore）。這個美國國家公園是中大西洋最大的生態系統。

RV夜奔三個半小時。從維吉尼亞沿波多馬克河北上，再跨越波多馬克河，繼續往北。阿莎提克島國家海濱像一支塑膠製的牙籤形狀，一頭細，一頭寬。從紐澤西的大西洋城南方海面斜斜而下，跨越馬里蘭和維吉尼亞兩州，聯外道路在北方。RV狂奔在維吉尼亞，馬里蘭和德拉瓦三州境內。抵達阿莎提克島已是晚上十點多。管理員已經下班，留個紙條告訴我們RV該停的位置。阿莎提克島完全零商業，沒有販賣任何商品。沒開RV大概不會選擇島上過夜。

起個大早，看大西洋日出。旭日將露未露和剛露出時，天地變色。銀色沙灘，銀色海洋，銀色波浪，映著幾片橘黃。日出總帶著血腥和熱情。RV長征的第一夜，和從RV醒來的第一天，清冷寧靜。

阿莎提克島被稱為「野馬海灘」，島上有野馬出沒。看過日出，開瓦斯煮水，準備早餐，分工合作。吃飽後輪流騎腳踏車四處找野馬。我們帶著兩輛腳踏車。路上沒碰到

（Shutterstock 提供）

野馬，一群野馬在遠方的沙洲。我們左右的鄰車，相隔都約三四十步外。看車牌，一輛來自紐約，一輛來自紐澤西。一間公共廁所在我們旁邊。

白天漸漸進來一些小車，停在沙灘外的小車停車位。沙灘是RV專享。互相招呼問候，大都是來做水上活動的。一些車頂就放著小艇或大浮板。阿莎提克島是個適合完全放鬆休閒，遠離城市的好地方。我們無法久留，必須繼續前程。排水加水完畢，經過管理中心。停車補繳三十美元的門票。重新北上德拉瓦，再南下馬里蘭和維吉尼亞。

哇，眼前是個奇觀。遠看細長長的橋路在海中忽低忽高，綿延修長的海中美麗線條。切薩皮克海灣橋—隧道（Chesapeake Bay Bridge-

—野馬海灘的野馬會到處跑。

Tunnel）抵達，全世界最長的橋和隧道複合體。昨夜跨越的切薩皮克海灣橋是東西向，在切薩皮克灣中北段。眼前的切薩皮克海灣橋—隧道，在大西洋灣口，南北向，全長三十七公里，包括四個海中人造島，堤道和支架橋，還有四個高橋，可讓大型船艦通過。南北的起點都屬於維吉尼亞。

過橋東轉，很快就到維吉尼亞海灘，維吉尼亞最大的城市，人口約四十五萬。加州的威尼斯海灘和聖莫尼卡海灘是大，維吉尼亞海灘是長。前兩者沙色近土色，維吉尼亞海灘的沙色是金黃，金色沙灘長達約四點八公里。我們只在市區段的沙灘走走。熱鬧的市街和海灘結合一體，是美國常見的城市規劃概念，和台灣的海灘經驗大不同。

切薩皮克海灣橋—隧道。
橋像在海中，遠看和海面幾乎同高。

西開十分鐘，就是諾福克（Norfolk），美國最大的海軍基地，美國艦艇的最大製造中心。戰艦威斯康辛號已經除籍，送給諾福克市當博物館。諾福克的水深遠超過薩凡納，查理斯敦，紐約和巴爾的摩這幾個美國大西洋港口。博物館中用貨櫃的承載量標示。諾福克的重點在軍用，是全球最大的軍港。

美國的第一艘航空母艦蘭利號，在一九二二年開始服役，百年往事。中國第一艘航空母艦遼寧號，剛服役不久，還在興頭。美國服役過的航空母艦總共已經超過八十艘。尼米茲級核動力超級航空母艦正在服役的有十艘，本來五艘以諾福克為母港：二號艦艾森豪號，五號艦林肯號，六號艦華盛頓號，八號艦杜魯門號和十號艦喬治布希號。現在，六號艦航空母艦群已調到太平洋。以總統命名的尼米茲級核動力航空母艦，還有四號艦狄奧多羅斯福號和九號艦雷根號，總共七艘。

美國的航空母艦下水，像在下餃子。另外三艘不是用總統命名的：首號艦尼米茲號，紀念第二次世界大戰的太平洋海軍總司令，海軍上將尼米茲。這命名合理。三號艦卡爾文森號和七號艦史坦尼斯號，可能透露更重要的訊息。

卡爾文森號以美國眾議員卡爾文森（Carl Vinson）命名。他擔任五十一年美國聯邦眾議員，曾任海軍事務委員會主席，對美國海軍和海軍陸戰隊的現代化有極大貢獻。史坦尼斯號以美國參議員約翰史坦尼斯（John C. Stennis）命名。他長期在參議院軍事委員會，

（Shutterstock 提供）

極力主張擴大和強化美國海軍，確保美國具有稱霸世界的能力。美國維護全球霸權的企圖心和戰備從未停止。

最新級別的福特級核動力航空母艦首號艦福特號，也以諾福克為母港，二〇一七年開始服役。這是美國造價最昂貴的航空母艦，二十一世紀未來艦計畫開始實現。福特級二號艦甘迺迪號，和三號艦企業號，都已動工建造。還有兩艘未命名的也已排入服役時間表。

目前十艘尼米茲級核動力航空母艦，四艘在大西洋，六艘在太平洋。雷根號和華盛頓號的母港都在日本橫須賀。從航空母艦的製造和部署，可看出美國已視中國為敵人的戰略本質。二〇一八年，美國海軍太平洋司令部改制為印太司令部。西太平洋第一島鏈的戰略格局，已

一七號艦史坦尼斯號。

提升為印度洋，經南海到太平洋的新圍堵。

全球所有專業的軍力評比機構，有個最簡單的評比共識：全球海軍軍力的第二名到第十名的戰力總和，只是排名第一的美國的零頭。航空母艦（aircraft carrier）的原始用意，就是飛機載體。航母的打擊威力就決定在這些艦載機，和機上的配備武器。中國解放軍海軍戰機總數約六百架，美國海軍戰機約三千七百架。遼寧號艦載機不到四十架。美國核動力航母的標準艦載機配備是九十架，總數可約千架。戰機和配備武器更是中國可望而不可及。

一艘航空母艦率領一個戰鬥群，包括幾艘巡洋艦和驅逐艦，以及幾個艦載機大隊。核動力航母可續航二三十年，作戰半徑超過一千公里，開到哪裡就可打到哪裡。如果加上導彈飛行距離，兩三千公里外就可對目標進行精準打擊。美國稱霸世界的意圖和準備，早就超過半世紀。中國連自製一艘航空母艦的能力都沒有，就在大做稱霸夢。滑稽的對比來自不同政體導致的民智落差。

「福特號是美國力量和威望的象徵。」─川普總統說：「令盟邦安睡，讓敵人顫抖。」福特級核動力航空母艦何時部署到太平洋，可以是西太平洋區域安全的觀察點。

53 北美第一個殖民地：詹姆斯鎮

雨中的約克鎮像個隱士避居的幽靜村落。

約克鎮圍城戰的勝利紀念碑很顯眼，是勝戰一百年後開建，建成後花崗岩的碑頂被閃電嚴重毀損，再加高重建。紀念碑對面是個住宅區，約克鎮居民只剩約兩百人。

消失的約克鎮。

威廉斯堡是約克鎮海路的後方，陸路的前哨。現在是個大學城。歷史悠久的美國名校威廉與瑪麗學院，是全美第二古老的學校。師生約九千人。威廉斯堡人口約一萬五千人。

轉往美國的誕生地，詹姆斯鎮，這是北美第一個殖民地，和第一個登陸點，一個消失的城市。詹姆斯鎮，約克鎮，威廉斯堡構成殖民地鐵三角。

詹姆斯鎮四面被詹姆斯河環繞，最早的登陸點搭建簡單的最初模擬場景。木屋木圍牆，一根根木條豎起，留個空間的上面一根橫木，就是進出的門，插支英國米字旗正對著河面。有個站立在地面的雕像，她是當年風靡英格蘭的波瓦坦印地安公主寶嘉康蒂。詹姆斯鎮的命運是北美殖民者的忠實寫照。

印第安公主寶嘉康蒂。

一六〇六年，倫敦的維吉尼亞公司投資招募到北美的墾殖者。當時的英格蘭人多工作少，許多人找不到工作。投資者鼓吹人們去北美。倫敦到北美的帆船航程約四個月。第一批殖民者搭乘三艘船，有男人和小孩共一百零五名，沒有女人，途中死亡一人。投資者認為殖民者要趕快建造房屋，送物資回英國，這是男人的工作，不需要女人。實際上這批人中，三分之一是紳士，沒有實際工作經驗。也有木匠，磚瓦匠和理髮師等。經過幾個月的殖民生活，這些北美的第一批殖民者，選擇詹姆斯鎮作為根據地。

殖民者最大的誤判是天時。他們帶著武器，建築工具，卻沒有帶種植的農具。他們認為透過貿易，可向原住民取得食物。當時，詹姆斯鎮附近正遭遇八百年來最乾旱的日子，乾旱一直持續到一六一二年。

起初，當地的波瓦坦印地安人有時會送東西給他們吃。波瓦坦印地安人約有兩萬五千人，分成三十二個部落，世居當地幾千年。有共同信仰和生活方式，分開村落居住。每村有個頭目，還有一個總頭目轄管所有的部落。印地安部落的酋長不是獨裁的統治者，而是協調者或爭議的仲裁者。

因為乾旱，他們自己沒太多食物可跟殖民者分享。後來，波瓦坦印地安人很生氣。因為殖民者向他們要求太多的食物，還會用偷的。雙方開始關係緊張。殖民者陷入飢餓和

當年的簡陋殖民地聚落圍籬。

疾病。一六〇八年一月，當第一艘補給船來時，第一批一百零四個殖民者只剩三十八人存活。十月，終於有兩個女人抵達。一個是移民者的太太，一個是她的女僕。

一六〇九年秋天到一六一〇年，是殖民者嚴重挨餓的時期。大家都沒東西吃。印地安人不再送食物給殖民者。殖民者四處找食物。惹火印地安人，殺掉離開詹姆斯鎮去找食物的人。殖民者只能吃馬肉，狗肉，老鼠肉，甚至吃毒蛇，靴子，挖死人出來吃。原本已經增加到兩百一十四個人的殖民地，只剩六十個人還活著。

投資者真正的財富來自菸草。菸草輸往英國，菸草農場大幅度擴張。殖民者力量變得更強大。殖民者和武器都越來越多，印地安人的土地也就失去越多。一六一九年，約九十個未婚女人抵達，投資人認知要成為永久殖民地，需要女人和家庭。同年，第一批黑人奴隸也到達。

波瓦坦的土地共有，只有使用權，沒有所有權，這和習慣私權的殖民者文化不同。搶奪土地就引來戰爭和屠殺。一六二二年，不堪土地被搶，人被殺的波瓦坦發動戰爭。殖民者死傷慘重，需要母國保護。一六二四年，原屬於倫敦維吉

一詹姆斯鎮的殖民四百年紀念廣場。

德拉瓦第一州。（上）
第五十州夏威夷。（下）

尼亞公司的殖民地，正式被英王詹姆斯一世納為英國皇家殖民地。詹姆斯鎮成為維吉尼亞首府。

詹姆斯鎮四邊河流圍繞，腹地小。一六九八年，總督府被大火燒掉，遷到威廉斯堡。人們繼續住在詹姆斯鎮，但鎮已非鎮，人潮和錢潮轉移到威廉斯堡。一七五〇年代，詹姆斯鎮已經消失，土地都變成農場。詹姆斯鎮殖民地博物館外有個「四百年紀念廣場」，綠地周圍高豎一支支旗桿，分別掛著各州州旗，旗桿下方都有個大牌子。黑底金字，寫著美國每一州的殖民簡史。標示發現，建立永久殖民地和加入美國的年度。

小雨中西進里奇蒙，現在的維吉尼亞首府，南方聯盟國的首都。今晚夜宿何處，還沒定奪。

（Shutterstock 提供）

第四篇

民權／公民權運動

美國永遠充滿爭議，爭議是民主的本質，前進的動力。

犧牲是任何運動的可能代價。

戰爭或革命的犧牲不一定代表勝利的推進。非暴力抗爭中的犧牲，卻是運動邁向成功的祝福。

廢除種族隔離政策，廢除公民權歧視，廢除工作權歧視，

美國民權運動三部曲，經過百年追求。

54 里奇蒙：以叛國為榮的城市

維吉尼亞是美國獨立戰爭中的大哥大。十三州在七月四日共同發布《獨立宣言》。維吉尼亞在六月二十九日已自行宣布獨立，並寫下州憲。會議就在里奇蒙（Richmond）召開。

里奇蒙是南方的政治中心，是個黑人城市，黑人或非裔佔約五十七％。州議會大廈沒有國會的半圓頂設計。美國共有十二州的州議會大樓沒有半圓頂。州議會大廈階梯很高，主屋建築有左右兩翼，顯得素雅壯闊。已過下班時間，空蕩蕩的，正有一個年輕人坐在最上層的階梯上向下望，構成一個有趣的畫面。

州議會廣場的一個角落是維吉尼亞民權紀念碑。花崗岩的碑座四方共有十八個雕像，他們是民權運動的領導者和參與者。這個紀念碑的建碑基金，由私人捐贈。碑座上引述兩個句子，一個出自大法官馬歇爾（Thurgood Marshall），一個出自芭芭拉羅斯瓊斯（Barbara Rose Johns）。「這簡直像是要摘月亮。」（It seemed like reaching for the moon）瓊斯十六歲就成為民權運動的先驅。

當時，她就讀摩頓高中，是全黑人學校。一直面臨資金嚴重不足的慘況。學校沒有體育館，沒有自助餐廳，沒有教師休息室，學生沒有桌子，教室沒有黑板。學生太多，有

IT SEEMED LIKE REACHING FOR THE MOON.
BARBARA JOHNS

些學生必須在破舊的校車裡上課。校車是不能開動的，固定停在學校的主建築外。學校董事會全是白人。董事會否決增加學校的基金。

十六歲的瓊斯，寫紙條給老師，請他們帶學生到禮堂，有特別聲明要公布。大家出現後，瓊斯上講台，抗議學校的窮困，說服學生罷課。四百五十個人遊行到校董們的家。校董們都避不見面。見校董彷彿要登月。她發動並組織兩週的示威抗議，終於受到注意。民權律師幫忙學生打官司，上訴到最高法院。這個案子和四個涉及種族隔離政策的案件併案審理。一九五四年，最高法院宣判：公立學校的種

—里奇蒙民權紀念碑。

族隔離政策違憲。

白人不惜關閉許多學校，抵制廢除隔離政策的公立學校制度性整合。「法律系統可以強迫開門，有時甚至能夠敲倒牆。但是它無法建橋，這個工作屬於你和我。」這是基座上刻的大法官馬歇爾的感觸。

（Shutterstock 提供）

聯盟國總統戴維斯上班的地方就在不遠，走路約十分鐘。建築只是一個尋常中上社經地位人家的格局，前院深度大概只有幾步路，大門就在人行道邊。戰時的總統辦公室難講究。

紀念大道上，一路是幾位南軍要角的紀念碑。「傑布」史都華將軍，西點軍校畢業，南軍騎兵總指揮，常勝將軍。「石牆」傑克遜陣亡後，他暫替「石牆」統領他的砲兵和步兵，簡直就是全能陸軍指揮官，是羅伯李將軍最信任的耳目。蓋次堡戰役，他的騎兵隊直到開戰第二天，才趕到

—羅伯李將軍雕像。

戰場。被認為是敗戰的致命主因。也有人認為敗戰的命運早已注定。蓋次堡戰役慘敗，史都華殿後掩護傷兵和部隊，成功退回南方。內戰後期的「黃色酒館戰役」（Battle of Yellow Tavern），他在里奇蒙北方約十公里處，擊退北軍的騎兵隊。自己卻被撤退的北軍狙擊手下馬近距離射傷，幾天後死亡。

綠色大圓環裡的是羅伯李將軍紀念碑。他騎在馬上，雕像高聳，馬頭低垂。將軍一手執韁繩，一手低垂拿著帽子，眼看前方，神情失落。再前進是戴維斯總統紀念碑。紀念柱直向天衝，很顯著，雕像站在柱頂，看不清人像。「石牆」傑克遜騎馬姿勢，左手挽韁繩，看不到右手。最後是馬修毛里（Matthew Fontaine Maury），穿著西裝端坐。他是美國海洋學家，天文學家，本來任職海軍指揮官。南北開戰後，他辭職效忠家鄉。為南方到歐洲購買船艦，鼓吹停戰。紀念碑的頭銜是「海洋航路的發現者」。

叛國者和戰敗者在里奇蒙受到高規格的紀念。這恐怕是美國聯邦政府和州政府分權，才可能導致的結果。對南方，他們都是愛家鄉的英雄，維吉尼亞精神的實踐者和發揚者。戰敗不在技不如人。只能說，志沒人高，打敗南方的不是林肯，格蘭特，南方是被進步的文明價值打敗。

55 三個維吉尼亞大學最著名的秘密組織

晚上八點，天色將黑，決定趕路到夏律第鎮（Charlottesville）的蒙蒂切洛（Monticello）。利用天黑搶進，醒來後更接近目標點。傑佛遜故居在蒙蒂切洛。

暗夜中找到露營地。營地寬敞整齊。停好RV。一天五十六美元。洗澡免費，洗衣服和烘乾各一塊五美元，共三元，很便宜。大家去營區浴室洗熱水澡和洗衣服。過癮。RV車上洗澡，不能轉身，又要省水。早上醒來發現RV停在小溪畔，溪水潺潺，有種清新的生活感。附近散步，吃過早餐，排水和加水後，前進故居。

「Monticello的c，不唸作s或k，要唸作ch，不是蒙蒂塞洛，不是蒙蒂開洛，是蒙蒂切洛。」導覽人員說。參觀故居的遊客很多，大家先在故居外臨時湊成一組一組的。「All men are --」導覽女士唸出三個字，停頓。遊客們馬上接著「created equal」。

建築是傑佛遜最大的興趣和專長之一。華盛頓首都的選址，規劃，建築設計，甚至用什麼建材，什麼施工工具，他都積極督導，參與。他花費三十五年建立能夠反映他人格的蒙蒂切洛莊園。磚牆白頂，白窗框，四支磚煙囪，主屋正門入口四支咖啡色柱。沒

有維儂山莊主屋的橫面氣派，但有一種典雅中的堅定感。顯然，也是改建的。早期的黑白照片中，有五根白柱和一個多邊形的半圓頂。

自然科學，政治和藝術都是傑佛遜熟悉和熱愛的領域。他是個業餘的小小發明家，複寫機就是其中之一。在一張紙上寫字，透過機器的運作，一旁的另一支筆，就會在另一張紙上自動寫出同樣的。這個如打字機大小的設計是他從巴黎的原始大機器獲得靈感。

書籍，繪畫，動物小標本，地圖，時鐘，以及購自巴黎的傢俱，是室內陳設的重點，特別是書籍。傑佛遜超過一萬三千本的藏書，購自世界各地，成為美國國會圖書館早期藏書的重心。他還設計食物升降梯，可將酒從地窖直接送上地面。自動報時的時鐘也是他的小發明。

傑佛遜故居主屋。（右）
奴隸屋。（左）

綠色草坪是戶外主景。通道是不規則拼成的紅磚地面。主屋下面是工作區，有奴隸的介紹。奴隸的住屋在主屋右側緩坡的下方，一個獨立區塊，幾棟咖啡色木造建築。

維吉尼亞大學在夏律第鎮上。夏律第人口約四萬。維吉尼亞大學學生約兩萬，老師約兩千位。校園大得就像個鎮，適合開車。我們開過一區又一區的校園，時而下車走走。優雅，寬闊，綠地處處，平實卻有獨特風格。

傑佛遜花二十五年推動維吉尼亞的大眾教育。每郡都有小學，每個行政區都有中學，專科學校供貧窮的孩子免費就學。維吉尼亞大學是他教育志業的終極。校地是門羅早年買的，合併原來的維吉尼亞專科學校，成為州立大學。門羅當總統時，維吉尼亞大學開始動工。傑佛遜擔任創校校長，三位連續的美國總統，傑佛遜，麥迪遜和門羅都是校董。麥迪遜是第二任校長。聯合國教科文組織把維吉尼亞大學命名為「湯瑪士傑佛遜學院村」，列入世界遺產名單。

維吉尼亞大學在二〇〇四年通過決議，保證補齊本國學生的學費。貧窮的孩子得以在這學校免費就讀。學校的私人捐贈遠超過政府的資金。傑佛遜是唯一創辦大學的美國總統。維吉尼亞大學是公立常春藤聯盟的創始校之一，二〇一七年美國新聞與世界報導評比為全美公立大學的第二名。

—維吉尼亞大學校園的秘密組織符號。

「大部分的人並非生來就要背上馬鞍，供人驅策。上帝也不喜歡這情形。」「我在上帝的殿堂前宣誓，永遠要對抗施於人類心智的各種暴行。」傑佛遜八十三歲過世，正好是七月四日，《獨立宣言》五十週年紀念日。他的革命戰友和政敵約翰亞當斯，在同天幾個小時前去世。五年後的七月四日，門羅也結束他的人生旅程。

傑佛遜雕像是維吉尼亞大學校園的精神中心。雕像背後的鐘樓建築類似他家的主屋。雕像前的階梯上有個很大的白Ｚ字大寫，更前面的磚地上，有ＩＭＰ三個大寫字母。Ｚ學會和ＩＭＰ學會，以及７學會，是維吉尼亞大學最著名的三個秘密組織。

三個都是秘密的慈善組織，貢獻時間，才能和金錢。獎勵傑出的老師和學生等等。他們認為秘密行善是高尚的行為。三個秘密組織把組織的象徵標誌，寫在校園的地上或牆上。怎麼和他們聯絡呢？或許可以留個信在傑佛遜雕像的手肘裡。哈，雕像基座和立姿雕像都很高。要怎麼爬上去呢？７學會最神秘，成員的身份死後才能曝光。

56 夏洛特的「蠑螈選區」和哥倫比亞的「杜立德空襲」

藍嶺公園路（Blue Ridge Parkway）被稱為是美國最美麗的公路之一。藍嶺山是阿帕拉契山脈的一支。

夏律第鎮西行約三十公里就到藍嶺山山麓的阿夫頓（Afton），走州際六十四號到羅克費雪隘口（Rockfish Gap）。維吉尼亞本來只是維吉尼亞，因為南北戰爭時，維吉尼亞西北方地區不願意加入南方，脫離維吉尼亞，正式以西維吉尼亞加入美國聯邦。維吉尼亞的西半部和西維吉尼亞的全部都在阿帕拉契山脈中，西維吉尼亞稱為山脈之州。

雪蘭多哈河（Shenandoah River）就在山脈中南北流過，形成河谷。「鄉村路引我回家」（Take me home country roads）寫的就是阿帕拉契山脈的西側人生。這首約翰丹佛的名歌，開場就是：「近乎天堂，西維吉尼亞。藍嶺山脈，雪蘭多哈河」（Almost heaven, West Virginia，Blue Ridge Mountains, Shenandoah River）。

藍嶺公園路全長約七百五十五公里，是南北縱貫山路，跨賓州，馬里蘭，西維吉尼亞，維吉尼亞，北卡羅萊納，南卡羅萊納，田納西和喬治亞等八州。資料上說，這是美國最受喜愛的公路之一，秋天黃葉紅葉滿山，非常美麗。「開錯車，來錯季節，有任務，必須趕路，無法過幾天山居生活。」是我們實證的結果。

阿夫頓有間山麓小木屋，提供藍嶺公園路地圖，最長的一張超過一百公分，大概從寶哥的頭頂到膝蓋。一對黑衣黑安全帽年輕騎士結夥，各騎一輛機車。女騎士是肢障，機車三輪，兩輪在前，一輪在後。互祝快樂平安，上車出發，轉進公園路的真正入口。

路口立著告示牌，標示山區的收音機頻道。下車拍照。一位黃衣機車騎士停下，說從南方來，已經騎四天，山區有霧，有動物會突然跳出來，要小心。藍嶺公園路左右各一車道，限速七十二公里，沒有路的編號。這是一個線形的國家公園，由幾個不同的山構成。最高約兩千公尺，約當台灣中部橫貫公路梨山的高度。

半小時，一小時，一個半小時，失望而絕望。尋常的山路景色，台灣的山比較有看頭。這條路適合機車旅行，開小汽車都要很小心，開RV就是一種負擔。山路不斷盤旋，不知道何時能離開藍嶺公園路。雖然幾種地圖都有，地圖上也有可岔出的道路，但無法確知這些路是不是也是山路。不知何時天色將暗，不知身在何處，絕望變緊張。直到在歐特溪（Otter Creek）暫停休息，和一位國家公園的女巡警聊聊後，比較安心，天黑前轉出山區沒問題。

到達詹姆斯河（James River）訪客中心，海拔已低，趕緊離開藍嶺公園路，轉國道五〇

一號南行。短短約一百公里路，連沿途休息，四個小時已經過去。只好暫時跳過北卡羅萊納。明早和南卡羅來納首府哥倫比亞市的史蒂芬市長（Stephen Benjamin）有約。黑夜中直奔五小時，在雨中安抵哥倫比亞市，夜宿沃爾瑪超市的停車場。沃爾瑪超市已經成為我們的最愛。停車場大，免費停車，明亮安全，二十四小時營業，可以隨時補貨。

黑人市長史蒂芬臉圓圓的，接近光頭，就是頭皮上薄薄的一片鬆鬆頭髮的那一種，長得很古錐，有點台灣人說的嬰兒肥。他熱情好客，展現哥倫比亞「南方好客之都」的本色。我們無法接受他的午餐或晚餐招待，因為藍嶺公園路的耽擱，得回頭去北卡羅萊納的夏洛特（Charlotte）。

哥倫比亞的驕傲之一是「杜立德空襲」（Doolittle Raid）。二次世界大戰日本偷襲珍珠港後，美國為了報復，在哥倫比亞進行模擬編隊演練，由杜立德中校率領，包括改造飛機。終於完成轟炸東京的歷史性壯舉，證明美國有能力轟炸日本本土。

一雙日紀念旗。

哥倫比亞（Columbia）和哥倫布（Columbus）

的城市名稱在中南美和北美都常見，美國約有一二十個。加州，馬里蘭，喬治亞，德州，內布拉斯加，蒙大拿，威斯康辛和俄亥俄等地都有。紀念哥倫布發現新大陸，也擬人化成為一種開拓者的精神象徵。

夏洛特是北卡羅萊納最大的城市。梅克倫堡郡（Mecklenburg）的郡治就在夏洛特。維吉尼亞和北卡羅萊納都有個梅克倫堡郡。當年，列星頓康科德革命槍聲響起，傳到北卡梅克倫堡，五月二十日，梅克倫堡的一個公民委員會，率先發表脫離英國獨立的宣言。雖然不代表整個州，但仍足夠說給子孫聽，阿公阿媽當年多神勇，比十三州《獨立宣言》和維吉尼亞《獨立宣言》都更早一年多。十三顆星旗，和一面同時標示一七七五年五月二十日，和一八六一年五月二十日的星旗，代表著梅克倫堡的驕傲。後面的日期是北卡羅萊納脫離聯邦的日子。

北卡有兩個最著名的「蠑螈選區」，第一和第十二選區。夏洛特和梅克倫堡以及附近地區就是第十二選區。記得三位憲法的拒簽者之

傑利蠑螈。
圖片網址：https://en.wikipedia.org/wiki/Gerrymandering

一，埃爾布里奇格里？他在一八一二年，競選連任麻薩諸塞州州長時，為圖利自己，把選區不規則劃分，活像隻蠑螈。因此被對手把他的名字和蠑螈（salamander）的字尾合體成「傑利蠑螈」（Gerrymander），連G都改變發音。格里競選連任失敗。

「蠑螈選區」的政客手段有三：一是讓少數變多數，將大多數的對手選民劃在同一兩個選區，讓己方的選民在其他更多的選區佔盡優勢。一是將對手的選民，適度劃入自己的鐵票區，讓這些選票失去作用。一是將對手的鐵票區拆散成幾個選區。北卡的「蠑螈選區」屬於第一種，將黑人選民集中在這兩個選區。二〇一六年聯邦巡迴法院判決這個做法非法。二〇一七年，最高法院支持這個「非法劃分選區」的原判，判決不能以政黨私利劃分選區，不能以族裔作為劃分選區的依據，必須顧及族裔分佈的常態比例。

美國賽車名人堂才是年輕人最興趣盎然的地方。NASCAR HALL OF FAME 刻在外牆。NASCAR 是「全國運動汽車競賽協會」（National Association for Stock Car Auto Racing）的

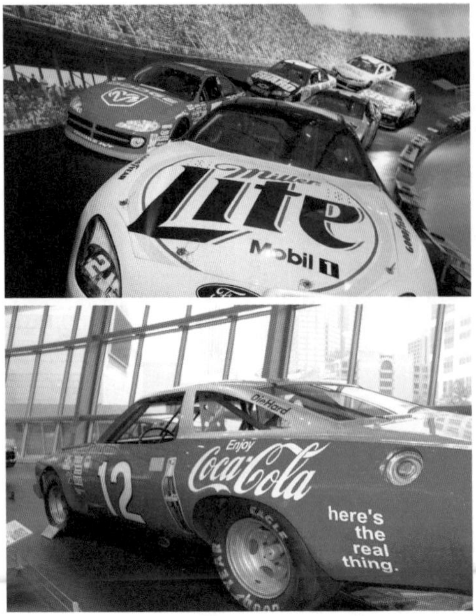

賽車名人堂。

縮寫，這是美國最大最有公信力的賽車組織。我們都不是賽車迷，但名人堂總是迷人。靠牆的坡道上一輛輛賽車，充分展現賽車的極速激烈衝刺。

地面上停著各種年代的著名賽車，四處都有名賽車手的立像，照片和用具，配備。可口可樂贊助的賽車最誇張，車身的下半截就是大紅色，Coca Cola 紅底反白，車框和輪圈金黃。美式資本主義的風格。充滿鮮豔色彩和速度感，夠炫的地方。訪客們可以排隊選賽車，坐進車內試開。電腦已經設定，撞車就要掰掰。大家好像一分鐘就玩完了。

「還要看什麼？」

卡羅斯帥哥說要看夜景，真是台灣文青外銷美國。看完夜景，南奔，直殺桑特郡，在哥倫比亞市東方，晚上十二點多到地頭，約開兩百公里。

「連續幾天都開夜車，會不會比較吃力？危險？」

保羅和兩位輪流的副駕駛都說，晚上開比較舒服，車子少。RV車身較高較重，有大型車輛急速開過，瞬間氣流容易造成車身晃動。

57 廣場城市薩凡納獨特的慢遊車

桑特堡（Fort Sumter）孤立在港灣南口的正中。四面環海，三面陸地圍繞。想像一塊U型鐵，桑特堡就在接近開口的中央。

查爾斯敦是當年僅次於費城，紐約，和波士頓的美國第四大城。桑特堡就扼守港灣的最前哨。碼頭上遊艇，船慢慢開，約三十分鐘就到達桑特堡國家紀念園區。桑特堡的命名是紀念獨立戰爭中南卡羅來納的湯瑪士桑特將軍。

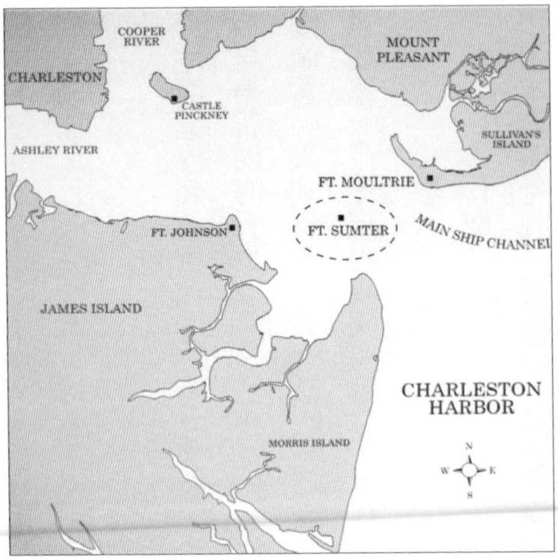

一桑特堡位置圖。

桑特堡的形狀很像棒球的本壘板，正當主水道中央。磚造的防衛堡壘，保留著被慘重摧毀的面貌，黑色大砲散置在堡壘上。真的是海上孤兒棄嬰的景況。

「紀念美國上校羅伯特安德森一百二十八

—桑特堡。南北戰爭第一戰。

個人，一八六一年四月十二日到十三日，抵抗三十四小時對桑特堡的毀滅性砲擊，光榮撤出。戰爭從這裡開始。」紀念柱上的刻文，紀念南北戰爭的第一場戰役。

桑特堡的六十門大砲，是地對艦的平射炮，打海面軍艦用的，根本無法招架南軍的高彈道砲擊。羅伯特安德森率領部隊安全撤退。把堡壘中的三十三顆星美國國旗，帶回到紐約。羅伯特安德森西點軍校畢業，戰役後晉升准將。

稍作休息。前進喬治亞港口薩凡納，約一百七十公里，里程輕鬆。氣溫已明顯上升。薩凡納是個建立

—美國最古老的浸信會教堂之一。
—筆尖造型。

在薩凡納河河口的古老城市，殖民時期是英國喬治亞首府。薩凡納雖然沒有現代大都市的繁榮和繁華，古老中卻不破落。光看城市地圖，就讓人眼睛一亮，滿心舒服。城市在薩凡納河南面，從河岸邊第一排開始，就是工整的廣場城市規劃。橫路和直路都筆直，四條路圍成一個長方形街區，六個長方形綠地公園間隔，面積和長寬面不同。第二排，廣場公園五個，第三排公園廣場四個，其中一個是全市最大的，第四排和第五排公園廣場都是四個。

走在城市中，無論縱走橫走，一會兒就會走到公園。公園邊有著多種風格的建築。有白色羅馬柱的磚紅殖民地時期豪宅，有鵝黃牆面的一般建築。消防栓不同上色，有黃身藍頂的。也有體貼設計給狗大便的地方。老樹們都垂著長鬚，沒有成排行道樹的單調感。陽光從樹頂上的枝葉間穿透，溫暖柔和。美國最古老的浸信會教堂之一，無論是教堂的總體或局部，或只是牆面雕飾，都如筆尖造型。尖頂朝上。白牆，金飾，淺藍尖頂，上頭各一個金色十字架。色彩豐富協調。鵝卵石的地面，搭配老樹，風格建築，藍天，河景，豐富多元的美麗休閒城市。

觀光人氣滿點，不擁擠卻處處是人。十四萬人口的都市每年湧進數百萬遊客。河岸邊是商店區，購物街，吃喝玩樂，搭船，看河景。薩凡納慢遊（Slow Ride）的街車在市區穿梭，不同於歐美大城市市區旅遊的雙層大巴士或單層小巴士或馬車。一輛簡易的長型四輪腳踏車，上有長木板桌，頂上搭遮棚，四面開放通風，左右各有五個位置，大型的

慢遊腳踏車。

好像左右各七個。穿短褲的男女遊客在上面邊喝飲料，啤酒，邊遊覽城市風光。司機兼導遊。

南郊的普拉斯基堡（Fort Pulaski）是個國家紀念堡壘園區，紀念美國騎兵之父普拉斯基（Casimir Pulaski）。他原是波蘭騎兵指揮官，在對抗俄羅斯的波蘭保衛戰中揚名。後來，逃亡到法國，被拉法葉侯爵招募，參加美國獨立革命。「白蘭地溪戰役」中，他救出華盛頓。國會通過成立騎兵隊後，任命他為騎兵司令。他和拉法葉一樣都是貴族，美國國會沒錢養騎兵，他自己出錢。「薩凡納戰役」中，他中彈受傷身亡。堡壘外是個清翠的草坪區，高坡的防禦工事上也是一片翠綠。草坪上橫牌寫著：紀念一七七九年十月九日，在這裡作戰的人。

一普拉斯基堡外。

堡壘也是本壘板的設計。這大抵是美國海岸堡壘的基本造型，五角形，有的像星星，有的比較像本壘板。美國國防部就是五角建築體，代稱就是五角大廈。五角堡壘被護城河環繞。城牆上大砲列陣。有些磚牆已損毀，有的砲口已炸開。藍天白雲，綠地綠水，堡壘箭頭的遠方飄揚著美國國旗。一種主權和勇士的象徵。

58 傑克遜總統的主場：佛羅里達

傑克遜維爾顧名思義是安德魯傑克遜的主場，佛羅里達到了。

傑克遜騎馬的雕像基座上寫著「一八二二年，以安德魯傑克遜命名」。馬躍雙蹄，英雄揮帽致意。城市中到處充滿著傑克遜元素。傑克遜維爾是佛羅里達和美國東南最大的城市，人口約九十萬。西班牙割讓佛羅里達給美國後，門羅總統任命傑克遜為首任總督。隔年，傑克森維爾城市命名。

傑克遜雕像。

東岸初見棕櫚樹。南國風情。紐約到傑克森維爾約一千五百公里，氣溫從五六七八字頭，終於突破九。美國使用華氏計度，華氏九十五度相當攝氏三十五度。城市中到處閒逛，一路流汗。建築物沒什麼美感，粗放悠閒的地方。

佛羅里達歷經法國，西班牙，英國，西班牙，和美國總共長達三百年的統治。短期加入南方聯盟國，再被美國奪回，又經過一百五十多年的美國時光。南下聖奧古斯汀，美國最古老的城市，已有四百五十年歷史，滿滿的西班牙風情。歐洲風格交融混合。「美國最老的城市，建立於一五六五年。」訪客服務中心的建築上這樣標示著。

聖奧古斯汀和傑克森維爾都是大西洋岸的海灣城市。傍晚時分，古堡區越來越熱鬧。石造的城堡和粗硬古老的堤防。情侶和遊客走著坐著。商店區直通海邊，賣家掛著各種小旗幟。波波人潮。室內室外都

—傑克遜維爾街景。

是人客，吃喝，聊天，購物。

南下邁阿密還有約五百五十公里，來回一千一百公里，性價比很低，放棄。旅程規劃時考慮南飛波多黎各。波多黎各是美國屬地，人口約三百四十萬。原是西班牙殖民地。美西戰爭西班牙戰敗，割讓給美國，現在是美國未合併的領土。波多黎各人就是美國國民。但不是美國的一州，因此不能選國會議員和總統。波多黎各人選舉總督，元首仍是美國總統。

波多黎各頒布自己的憲法。美國承認波多黎各的自決權和獨立權。五十年來，波多黎各經過五次全民公投，決定島嶼的政治地位歸屬。第一次公投，六十．四%的選擇維持現狀的自治區。第二次公投。選擇自治區的四十八．九%。成為美國一州的四十六．六%。第三次公投。建州的維持四十六．六%。自治區的只有萬分之六。第四次公投，建州的六十一．二%。自治區的三十三．三%。二〇一七年，第五次公投。建州的

聖奧古斯汀的遊客風情。（右）
西班牙風情的古堡。（左）

九十七・二%。投票率空前低落，登記選民約兩百二十六萬，投票率約二十三%。

波多黎各選擇自治區，可以完全自我作主。選擇建州，還須經過美國國會通過。五十年前是建州民意不高，二十五年來是國會不處理這個建州案。本質原因是波多黎各對美國沒有加分效果。政府貪腐成習，債務七百二十億美元，高失業率，貧窮線以下的人口超過半數。無論是經濟價值或軍事價值，波多黎各都是負數。

近年來，波多黎各是茲卡病毒（Zika）的高危險感染區。茲卡病毒來自非洲，孕婦感染可能生下小頭畸形兒。目前還沒有疫苗可以預防或治療。波多黎各的感染病例已超過一萬個。佛羅里達，特別是邁阿密海灘，也已經是高危險感染區。這也是美國國會不處理波多黎各建州案的一個難言之隱。總之，沒有任何一個正面理由，讓國會願意把波多黎各建為美國的一州。支持建州的投票率也太低，沒有說服力。

北上亞特蘭大。聖奧古斯汀到亞特蘭大超過六百公里。趕路吧。亞特蘭大ＣＤＣ的朋友在等待我們。

59 金恩博士的故鄉：亞特蘭大

亞特蘭大是喬治亞的首府和最大城市，美國南部的交通樞紐。亞特蘭大傑克遜機場是全球轉運總量最大的機場。

亞特蘭大有三寶，暱稱三C城市：可口可樂（Coca Cola），美國有線電視（CNN），和美國疾病控制和預防中心（CDC）。

CDC管的業務，從太空人會不會帶回新病源，管到全球疫情，以及和健康有關的各種領域。CDC員工總數超過一萬五千人，約半數在亞特蘭大總部，其他的在科羅拉多分部，和全球據點。CDC是美國聯邦政府中，除軍售部門外，和台灣政府往來最密切的美國聯邦政府機構。對美國而言，全球各地的疫情都和美國息息相關。美國的訪客來自全球，美國的防疫醫學和防疫經驗也領先全球。因此，任何地方發生疫情，CDC就到第一線。

參觀CDC博物館。覺得最有意思的是對美國肥胖問題（Obesity）的研究。旅行一路美國人過胖的現象已經領教。到處都可見到胖子，有的胖到必須坐輪椅。肥胖地圖用顏色深淺標示，一目瞭然。最嚴重的地區在阿拉巴馬，密西西比和路易斯安那。低於

美國喬治亞州亞特蘭大CDC總部。

高中教育的，缺乏運動的，嬰兒出生體重過低的，心臟疾病的，糖尿病的，貧窮的，收入不均的，種種地圖都顯示集中在南方的黑人帶。有幾項不只在南方。黑人帶是全面中獎。

根據CDC的統計數據，全美國三十九．八%的成年人過胖，約四成。五個老美兩個過胖。二十歲到三十九歲約三十五．七%的過胖。三個人中，一個多胖子，這個年齡層這個比例，實在很嚴重。四十歲到五十九歲超過四成，四十二．八%。五個人兩個多過胖，簡直讓人抓狂。六十歲和以上的約四十一%。高學歷的肥胖率較低。兩歲到十九歲的肥胖比例，約十八・五%。將近五個就有一個小胖胖。這絕對不是福氣。肥胖成因的議論很多，基因，飲食和運動是最主要的三個。英國是肥胖症嚴重的另一個國家。或許，肥胖是個國家衰落的標記。過胖就是不健康。

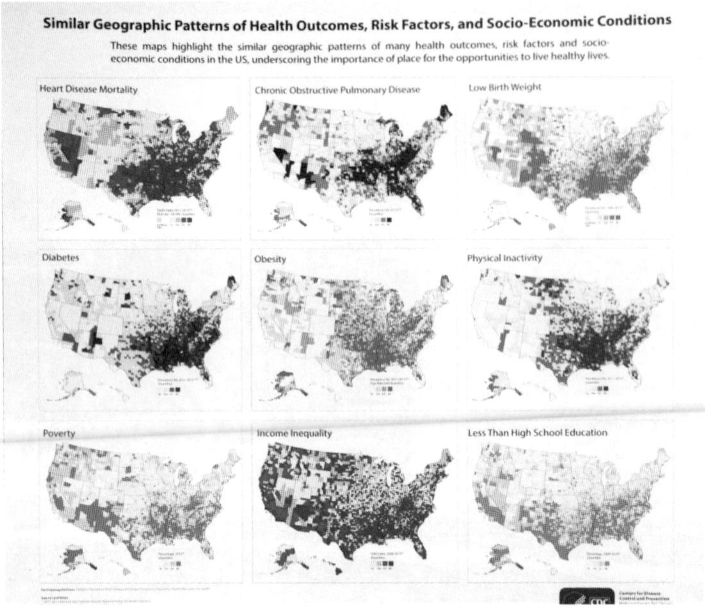

Similar Geographic Patterns of Health Outcomes, Risk Factors, and Socio-Economic Conditions
These maps highlight the similar geographic patterns of many health outcomes, risk factors and socio-economic conditions in the US, underscoring the importance of place for the opportunities to live healthy lives.
Heart Disease Mortality
Chronic Obstructive Pulmonary Disease
Low Birth Weight
Diabetes
Obesity
Physical Inactivity
Poverty
Income Inequality
Less Than High School Education

CNN的紅色大字非常搶眼。去那裡（Go there）是他們的工作基本準則，最大賣點就是現場直播，不是事後錄製。CNN在美國和加拿大已有約一億個收視戶，約八十九萬個旅館房間能夠收視。CNN在第一次波斯灣戰爭一戰揚名。觀眾看到的砲彈和子彈就是飛在當下當場。

總部挑高數層樓高度的大廳，展示採訪波灣戰爭時的悍馬車，和採

——美國疾病和社經弱勢地圖。東南部的黑人地帶都明顯嚴重。

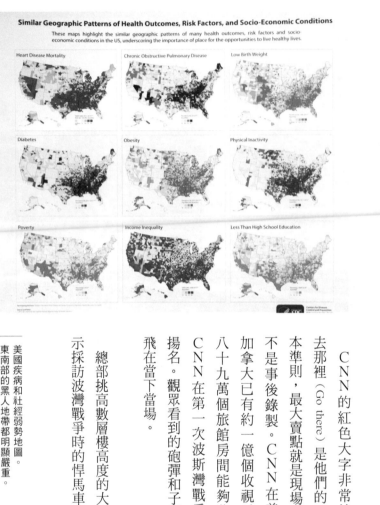

訪配備等等。還有一些重要新聞報導中的摘句。句子下方都標示著記者的真實姓名。

「這裡的人真的相信，世界已放棄他們。」波士尼亞戰爭。

「巴格達的天空已經被照亮。」第一次波灣戰爭。

「許多建築物已經被燒，牆壁已經燒焦。」在利比亞。

「在過去的四天，我已經看到一些屍體在密西西比的街上，你不生氣怎麼這種事會發生在這裡？」密西西比受卡崔納颶風襲擊。

CNN被批評新聞不公正，對民主黨候選人友善，對共和黨候選

—CNN。CNN總部在亞特蘭大。

人充滿敵意。從歐巴馬第一次競選總統開始就這樣。根據哈佛大學的媒體，政治和政策中心的研究，CNN報導共和黨候選人的新聞中，約四十六%中性，約四十一%負面，約十四%正面。正負新聞一比三。CNN被指控為假新聞，觸犯《反壟斷法》。

美國《反壟斷法》（*Sherman Antitrust Act*）又稱《修曼反壟斷法》，要求政府必須調查各種壟斷行為。《反壟斷法》本來是針對市場價格的壟斷。後來，美國最高法院明確解釋，《反壟斷法》的目的不是保護商人，而是保護公眾免於受到市場失靈的侵害。法律不是反對競爭行為，是反對不公平的競爭趨勢。

二〇一六年的美國總統選舉，CNN更是一面倒向民主黨候選人，被川普陣營認為充滿敵意，是假新聞的製造中心。假新聞的定義可以從單一新聞的真假，到某個傳統媒體或社群網站的總體新聞立場是否真實公平。自由世界面臨言論自由的全新挑戰。川普當選總統後，公開和採訪白宮的CNN記者對罵，並取消CNN記者的白宮通行證。CNN控告白宮侵犯言論自由，川普認為記者的採訪本來就是一種特權，這種特權要不要給誰，白宮自己能夠決定。

這就是美國，永遠充滿爭議。爭議是民主的本質，前進的動力。大法官扮演著前進，停滯，甚至後退的角色，人間的上帝。

可口可樂世界和CNN間，約是二十分鐘步程。草地上站立著超大型的早期可口可樂黑色瓶子。紅色大瓶蓋插在一個白色板。黑底金字牌刻著「一八八六年約翰潘伯頓（Pemberton）發明可口可樂，以他命名為潘伯頓之地。」

潘伯頓是亞特蘭大的藥師和化學家，調製出一款健康飲料，開始販售，成就可口可樂的全球霸業。每天在世界各地賣出十九億瓶。在台灣我大概年喝兩瓶可口可樂，在美國旅行期間，冰冰的可口可樂成為我最愛的飲料。配漢堡，薯條，炸雞，披薩，覺得口味搭極了。

－可口可樂世界。

R FOR CIVIL AND HUMAN RIGHTS
CENTER FOR CIVIL AND HUMAN RIGHTS
"BEST MUSEUM IN ATLANTA"
"TOP 10 THINGS TO DO IN ATLANTA"
TICKETS
TICKETS
TICKETS

民權和人權中心。

民權和人權中心（Center for Civil and Human Rights）在可口可樂世界附近，走路三分鐘。館內展示的國際部分，聚焦在人權議題。六位全球前六大獨裁者一排站開，有身高標示。希特勒，毛澤東，史達林，波布，阿敏和奧古斯都皮諾契。皮諾契是前智利總統。阿敏是前烏干達總統。波布是前柬埔寨總理。現任的獨裁者有烏茲別克的卡里莫夫（Islam Karimov），赤道幾內亞的穆巴索格（Teodoro Obiang Nguema Mbasogo），辛巴威的莫加比（Robert Mugabe），敘利亞的阿薩德（Bashar al-Assad），以及北韓金正恩。他們的照片上都被貼上黃頁的惡行簡介。

過去的獨裁者。（上） 現代的獨裁者。（下）

政治犯有劉曉波，中國人權運動人士。（編按：二〇一七年過世，應該已從援救名單上剔除）。俄國人權運動者科山科（Mikhail Kosenko）。他因為反普丁，被判關進精神病院。衣索匹亞的內嘉（Eskinder Nega），是個記者和部落客，被關七次，罪名是叛國和恐怖活動。他在二〇一八年獲釋。會不會再進去不曉得。伊朗女性人權運動人士海蝶雅（Bahareh Hedayat），二〇〇九年入獄至今。巴林人權運動人士阿哈瓦佳（Abdulhadi Al-khawaja），被判終身監禁。

美國的部分在民權運動。展示許多舊場景，舊照片和標誌。美國廢除奴隸制度後，南方白人報復心理下的種族隔離政策。《吉姆克勞法》（*Jim Crow laws*）就是惡法的開始，直到一九六五年才被宣判違憲。違憲惡法作惡和危害長達八十九年。

—種族隔離。限白人。限有色人。

「隔離，平等」是隔離主義者的口號。「有色人等待室」「只限白人」等等標示，畫個箭頭，再強調是警察局的命令。隔離才是真的，平等就是差一點或差很多的意思。坐車白人坐前段位置，黑人坐後段。白人坐位坐滿，黑人要起來讓座。候車室，洗手間，洗手台，電影院，餐廳，公共游泳池，白人用的黑人就不能用。去百貨公司購物，白人搭客梯，黑人搭貨梯。沒有任何旅館和汽車旅館會接待黑人。一八九六年，美國最高法院判決「隔離但平等」是合憲的，種族隔離政策實施更徹底。

「如果美國沒有醒來，我們一起把它燒掉」布朗（H. Rap Brown）主張武力防衛的正當性。他是個黑人民族主義和社會主義者，後來因謀殺罪入獄至今。

「暴動是不會被聽到的語言。」馬丁路德金恩二世。他主張非暴力抗爭是最持久有效的，暴動反而會失去訴求。金恩出生於亞特蘭大，繼承父業學神學。在蒙哥馬利的一家浸信會教堂當牧師，二十六歲拿到博士學位的那一年，「蒙哥馬利聯合抵制巴士」運動，改變他的一生。

60 非暴力抗爭的聖地：蒙哥馬利

一個女人變成一個運動。那年，羅莎帕克絲（Rosa Parks）四十二歲。故事從巴士開始。

告別亞特蘭大CDC的朋友。在他家住兩宿，RV停門前。一個心念台灣的台美人，熱情滿點。向西南方的蒙哥馬利前進。

亞特蘭大有個轟動全球的女作家，瑪格麗特米契爾。《隨風而去》（*Gone with the Wind*）是她的代表作。南北戰爭為背景的故事。漢譯《飄》，暢銷全球超過三千萬冊，拍成電影《亂世佳人》。通膨折算，至今仍保持史上電影票房第一名。飄或隨風而逝，都是我不喜歡，甚至痛恨的翻譯，那是對近代文學審美的無知，和對原作的風格強姦。直白才是現代美，所謂的文青只是蒼白和軟綿綿。參觀她的故居博物館。十五歲時，她這樣描述自己充滿成名的激情。

「我想要成名，在某些方面——演說家，藝術家，作家，軍人，鬥士，政治家，或任何接近這些的。如果我是男孩，我願意嘗試去西點，如果我能做到，或者我願意當個職業拳擊手——任何能興奮激動的。」

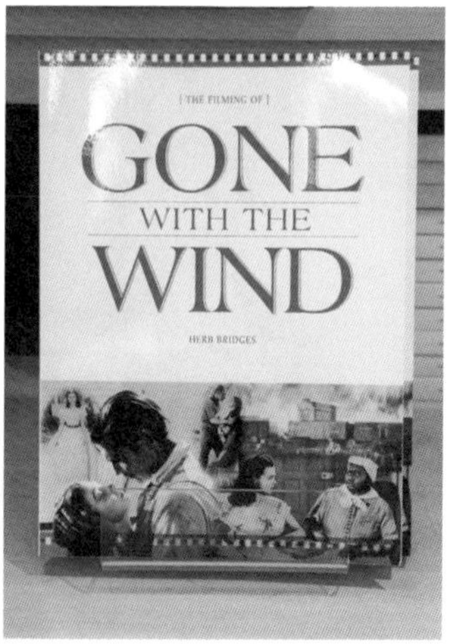

一瑪格麗特故居。

亞特蘭大到蒙哥馬利約兩百六十公里。奴隸制度廢除後，南方黑人仍飽受隔離政策的種族歧視，威脅恐嚇，毒打甚至殺害。

一九五五年十二月一日是個改變歷史的日子。四十二歲的羅莎帕克絲，是個百貨公司的裁縫師助手，也是當地「美國有色人種協會」（NAACP）的秘書。忙碌一天，下班回家。

羅莎帕克絲在黑人座位區找到座位坐下。後來，有個白人上車。司機要她讓座給白人。她拒絕。司機告訴她，這是法律規定的。她還是拒絕。司機說，再不起立，就叫警察。她說：「你可以叫啊。」兩位警察很快就來了，羅莎帕克絲安靜地被捕入獄。

羅莎不是第一個拒絕讓座的黑人，這類事陸

陸續續發生一些。但是，他們都只是被以妨害治安處理或告誡，或罰錢了事。羅莎被控違反巴士種族隔離制度的法律。羅莎打電話給「美國有色人種協會」的尼克森律師，請他準備保釋金。尼克森高興地發現，羅莎被控告的罪名，有可能打到最高法院。當晚，他開始打電話給黑人領袖們。隔天早上找到金恩博士。尼克森律師的興奮感染和激勵大家。他提議發動拒搭巴士運動。

當晚，約有五十個黑人領袖在金恩的教堂聚會，決定在十二月五日，星期一，羅莎的出庭日。從第一班車開始，發動拒乘抵制。婦女和孩子分區派送傳單，牧師在星期天做禮拜，向大家宣佈。黑人的計程車公司被要求用計程車載黑人去上班，每位收費一角，和搭巴士同樣價錢。巴士的乘客七十％是黑人。

第一班車空的，第二班車空的，第三班車只有幾個白人。抵制行動成功。當天，羅莎被判有罪，罰款十四美元。抵制行動的領袖們集

─羅莎帕克絲。一個女人變成一個運動。

會，成立「蒙哥馬利改善協會」（ＭＩＡ），公推金恩當主席。因為他才來蒙哥馬利不久，不屬於任何派系。

五萬名黑人走路上下班，沒時間沒精力去逛百貨公司，商店的旺季聖誕節變成大敗市。白人施壓，警察找黑人計程車麻煩。ＭＩＡ發動各教會的車子實施共乘。一位年邁的老婦人拒絕邀請搭便車的好意。她說，「我不是為自己而走，是為我的孩子和我的孫子而走。」

金恩到處演講，家裡遭到炸彈攻擊。辱罵恐嚇的信件不曾中斷。三Ｋ黨穿長袍戴頭罩，幾十輛車同時在黑人社區穿梭恐嚇。ＭＩＡ的共乘制度被法院判處罰款一萬五千美金。

終於，最高法院判決阿拉巴馬的種族隔離政策違憲。一九五六年十二月二十一日，金恩和主要夥伴搭上取消種族隔離政策的第一輛巴士。距離一九五五年十二月二日開會決定發起巴士抵制行動，堅持三百八十三天。巴士隔離政策取消，更激怒白人對黑人的恨意。三Ｋ黨加大對教堂和牧師家庭的槍擊和炸彈攻擊。

「告訴蒙哥馬利，他們可以繼續射擊，我將和他們繼續對抗。告訴蒙哥馬利，他們可以繼續丟炸彈，我將繼續和他們對抗。」

巴士抵制效應擴及全國。全國黑人大受鼓舞，非暴力的抵制行動引起南方許多地方的效法。金恩被推舉為「南方基督教領袖聯盟」（SCLC）主席，成為全國知名人物。

羅莎帕克絲的形象和金恩的慷慨激昂大不同。她的雕像就像一個尋常的中年婦人，安靜地坐在椅子上。巴士窗邊的畫像展露著一種低調和堅定。「沈默的勇氣」是蒙哥馬利羅莎帕克絲博物館的主題。

讓黑人登記投票是「南方基督教領袖聯盟」新的重要任務。「公民權改革運動」成為新主題。一九五八年二月十二日，林肯生日當天，南方二十個城市舉行群眾大會。廢除種族隔離政策的示威遊行也在其他地區繼續著。

兩個主題互相激盪聯合，民權運動進入全新的全國性高潮。群眾遊行示威，警察暴力鎮壓，監獄被塞得爆滿。非暴力的能量來自於不畏懼警察暴力，抵抗到底，將警察暴行呈現在全國媒體，充分發揮第四權，媒體的影響力。

金恩被警察勒著脖子，要他下跪，再加上腳踹，被丟入監獄的照片和影像，登上全國性報紙頭版，和電視新聞。他到紐約受訪，新書簽名發表會時，被一位黑人女性用鋒利的拆信刀刺進胸部，趕到醫院急救。醫生發現刺中心臟主動脈。還好，沒取下兇器，否則，可能早就沒命。

一九六〇年，金恩將「南方基督教領袖聯盟」總部和居家都遷到亞特蘭大。東岸才是戰略要地。北卡羅來納的格林斯伯羅，一群黑人大學生在一間廉價餐廳被拒絕服務。他們聲稱在受到服務前，不會離開。下場是全部都被警察拖出去。第二天更多人出現在這餐廳。田納西學生也靜坐抗議。金恩到北卡的蕭爾大學（Shaw University）給聚集的兩百名學生演講。建議他們組織起來。「學生非暴力協調委員會」（SNCC）正式成立。草根組織從牧師和教會領導，生根到校園的年輕人組織。

一九六〇年是總統選舉年，民主黨甘迺迪對共和黨尼克森。金恩初期拒絕表態支持誰。選舉前幾週，他參加學生的靜坐被捕入獄。幾個月前，他駕照過期開車，終於被判服刑四個月。競選總統的甘迺迪參議員出面營救，他才獲得保釋出獄。金恩認為，在競選總統的最後關頭，需要有堅定的信念和極大勇氣，甘迺迪才敢這樣做。他公開支持甘迺迪。最後，甘迺迪以千分之一的小差距當選總統。七十五%的黑人票投給甘迺迪。

一九六一年，甘迺迪就職總統。金恩和他會面，但甘迺迪不打算和國會鬧翻。國會對公民權改革持反對立場。甘迺迪希望金恩能夠提供讓他更有助力的推動力量。最高法院已經禁止在火車，巴士，和終點站進行種族隔離政策。「種族平等會議」（CORE）登場測試。兩輛測試車從首都華盛頓特區開出，參與者稱為「自由乘客」。第一輛車在阿拉巴馬的阿尼頓被縱火，乘客下車後，車子爆炸。第二輛車繞過阿尼頓，在伯明罕車站停靠。乘客遭到三Ｋ黨持械追打。

「自由乘車運動」再從伯明罕前進蒙哥馬利。學生主導，金恩和學生一起奮戰。車到蒙哥馬利車站，暴徒追打乘客。隔天晚上，暴徒更包圍教堂，用石頭和燃燒彈進行攻擊。直到早上，總統的聯邦警衛隊才救出金恩和支持者。一九六二年，金恩到喬治亞西南方的奧爾巴尼，參加廢除公共場所的種族隔離運動靜坐，又被捕入獄。

不斷的示威遊行，靜坐，不停地被捕，入獄，保釋。不時地意外發生。一位探監的黑人孕婦，被副警長毆打，兩千位黑人暴動。金恩苦行黑人社區，懇求黑人節制，保持非暴力抗爭。

伯明罕有「南方基督教領袖聯盟」的分支。領導的牧師夏德渥茲（Fred Shuttlesworth），家和教堂都被炸毀，遭到暴民毒打，入獄八次，還遭市政府起訴，所有的財產都被沒收拍賣。金恩的弟弟A.D.也在伯明罕的教堂當牧師。伯明罕還有個民權運動的最好資產：警長「公牛」。金恩終於認清伯明罕才具有真正的主場優勢。

一九六二年四月三日，金恩發表《伯明罕宣言》。這是經過幾週時間和伯明罕黑人溝通後的共識。宣言內容包括廢除餐廳，廁所，飲水台的種族隔離政策，以及開放工作機會給黑人，成立黑白人種混合的委員會等等，並訂出實現的時間表。第一波靜坐示威在五家百貨公司前展開。三百人被捕入獄。

復活節前，金恩率領五十人在「公牛」設下的路障前靜坐祈禱，三十分鐘後全被抓進馬車，送進監獄。金恩的弟弟帶領一千五百人上街頭。五月，「拯救伯明罕的靈魂」運動展開。超過一千名年輕人，兩人一排，前進伯明罕市中心，邊遊行邊唱歌拍手。九百名被捕。第二天兩千五百名年輕人出現，頭巾上寫著「自由」。「公牛」叫他們回頭，年輕人拒絕。「公牛」下令噴消防水柱，放出警犬，用警棍痛打。美國人在電視機前看到這一幕，良知受到震撼。伯明罕的年輕人還是天天上街頭。

五月五日，伯明罕的牧師們帶領三千人到伯明罕監獄探監，在「公牛」設下的路障前，集體跪下祈禱。對「公牛」的命令做出「絕不撤退」的回應，站起來後繼續前進。警察和消防隊員只好讓開，讓他們通過。遊行隊伍在監獄前祈禱，然後遊行回去。隔天，更多的年輕人加入。

「自由乘車巴士」被縱火。（上）
自由乘車乘客。（下）

伯明罕監獄已經監禁三千個犯人，沒地方關人了。坐滿監獄，讓商家沒法做生意，金融和商業活動產生恐慌和動盪，激發對立面的暴力是非暴力抗爭的戰術。只有統治者和事不關己的既得利益者恐慌，運動目標才有出現妥協和轉圜的餘地。伯明罕的企業家出面當說客。三K黨向教堂和運動領袖住宿的汽車旅館丟炸彈。黑人暴動，警方鎮壓，州警在黑人社區追捕毆打。

這就是非暴力抗爭的典型循環。對反運動者是惡循環。對運動目標的實現，是善循環。運動者的底線是非暴力，成功的策略是組織和訓練完備，多路人馬聽令動員，戰術波段持續。總統下令動員軍隊進駐，伯明罕暫時安靜幾個月。

九月，第十六街浸信會教堂做禮拜時，遭到炸彈攻擊，四名黑人女孩死亡。犧牲是任何運動的可能代價。犧牲時間，課業，精力，自由，或心理壓力，或受傷，甚至付出生命的代價。非暴力抗爭運動的珍貴，就是犧牲的代價遠低於革命和戰爭。戰爭或革命的犧牲不一定代表勝利的推進。非暴力抗爭中的犧牲，卻是運動邁向成功的祝福。

一九六三年，金恩在喬治亞訓練的六百名非暴力運動者，回到他們的家鄉，厚植各地的草根組織和力量。聯邦調查局對金恩的竊聽和監控，升高到把他類比共產黨。阿拉巴馬州州長喬治華萊士（George Corley Wallace）在競選時就誓言要把種族隔離政策貫徹到底。六月十一日，州長親自率眾站在阿拉巴馬大學校門前，阻止兩位黑人大學生去上課。甘迺迪總統下令干預，副檢察總長親臨坐鎮，阿拉巴馬國民警衛隊進場，保護兩個孩子進學校教室。華萊士一行人只能傻在一旁。當晚，甘迺迪總統發表演說，倡議國會應通過《民權法案》，廢除公共場所和學校的種族隔離政策，以及消除婦女和黑人在工作上受到的歧視。

「進軍華盛頓」（March on Washington for Jobs and Freedom）運動登場。主訴求是工作和自由。本來預計約有十萬人參加，結果來自全美的二十五萬人塞爆國家林蔭大道。金恩在林肯紀念堂前對群眾演說：「我有一個夢」（I have a dream）。從林肯的《廢除奴隸宣言》，開始訴說「一百年後，黑人還是沒有獲得自由。」再回到《獨立宣言》的「人被造而平等」，大家到國家首都，要求兌現這張支票。

最後，結束在「我有一個夢」的演說高潮。他說，這個夢是植根於美國夢。「我有一個夢」有六大段落，或優美如詩，或直白感人。

「我有一個夢，在喬治亞紅色的山坡上，前奴隸的兒子和前奴隸主的兒子，一起坐在兄弟情的桌子。」

「我有一個夢，有一天我的四個孩子，生活在這個國家，不會被用膚色評斷，而是個性的內涵。」

「我有一個夢，有一天每個山谷都會崇高，每個山崗和山都會低下，粗硬的地方變平原，彎曲的地方變直行。」

「進軍華盛頓」驚動萬方。「我有一個夢」獲得共鳴。黑人民權運動已超越南方的地方性，成為全國和全球注目的焦點，國會議員們已不能視而不見。將近三個月後，甘迺迪總統在德州達拉斯訪問，被暗殺身亡。副總統詹森繼任。一九六四年，國會通過《民權法案》，詹森總統簽署。美國民權運動從廢除奴隸制度，經過百年追求，才完成廢除種族隔離政策。開始和結束的兩個關鍵時刻，各有一位總統被暗殺而犧牲。金恩獲頒諾貝爾和平獎。

（Shutterstock 提供）

—前進華盛頓場景。

廢除種族隔離是民權運動的首部曲。爭取公民權是二部曲。金恩選定阿拉巴馬塞爾瑪（Selma）作為決戰點。塞爾瑪的黑人投票權被阻絕。登記投票的表格很長，填寫耗時，而且任何一點不清楚就不行。比如說，i 少個點，申請表就無效。塞爾瑪的黑人充滿憤怒和無奈。塞爾瑪是「公牛」的出生地，警長克拉克和公牛一樣殘暴。這是利多消息。

一九六四年，又是總統選舉年。投票人登記日，金恩安排示威遊行。克拉克警長意外地自制，沒有動手。金恩懷疑自己的判斷是否錯誤。第二天，再帶五十個人去法院前示威，結果全部被粗暴逮捕關進監牢。真好。金恩恢復信心。

金恩號召更多示威者參加遊行，州政府下令各地軍警增援。又兩百五十名黑人被關，包括金恩和「永遠的獄友」亞伯納西（Ralph Abernathy）。亞伯納西牧師和金恩一起領導巴士抵制運動，兩位摯友常常一起坐牢。金恩在監獄中仍繼續領導抗爭。到一九六五年二月，已有三千個黑人被捕入獄。

金恩出獄後，發動「塞爾瑪前進蒙哥馬利」。塞爾瑪在蒙哥馬利西方約八十公里。三月七日，五百二十五名遊行前進首府的示威者，遭受州部隊和警察使用牛鞭，和倒勾鐵刺的塑膠管攻擊。一百四十人受傷，其中一半需送醫。軍警回到塞爾瑪黑人社區繼續暴行，包括把小孩從教堂的彩繪玻璃窗丟出去。這是第一次「塞爾瑪前進蒙哥馬利」。克拉克警長施暴的影像傳遍全國。各地紛紛響應，舉辦示威遊行。更多的人來到塞爾瑪聲援。一位外地來的牧師被攻擊死亡。詹森總統震怒。

三月二十一日，第二次「塞爾瑪前進蒙哥馬利」。金恩帶著幾千名群眾遊行到蒙哥馬

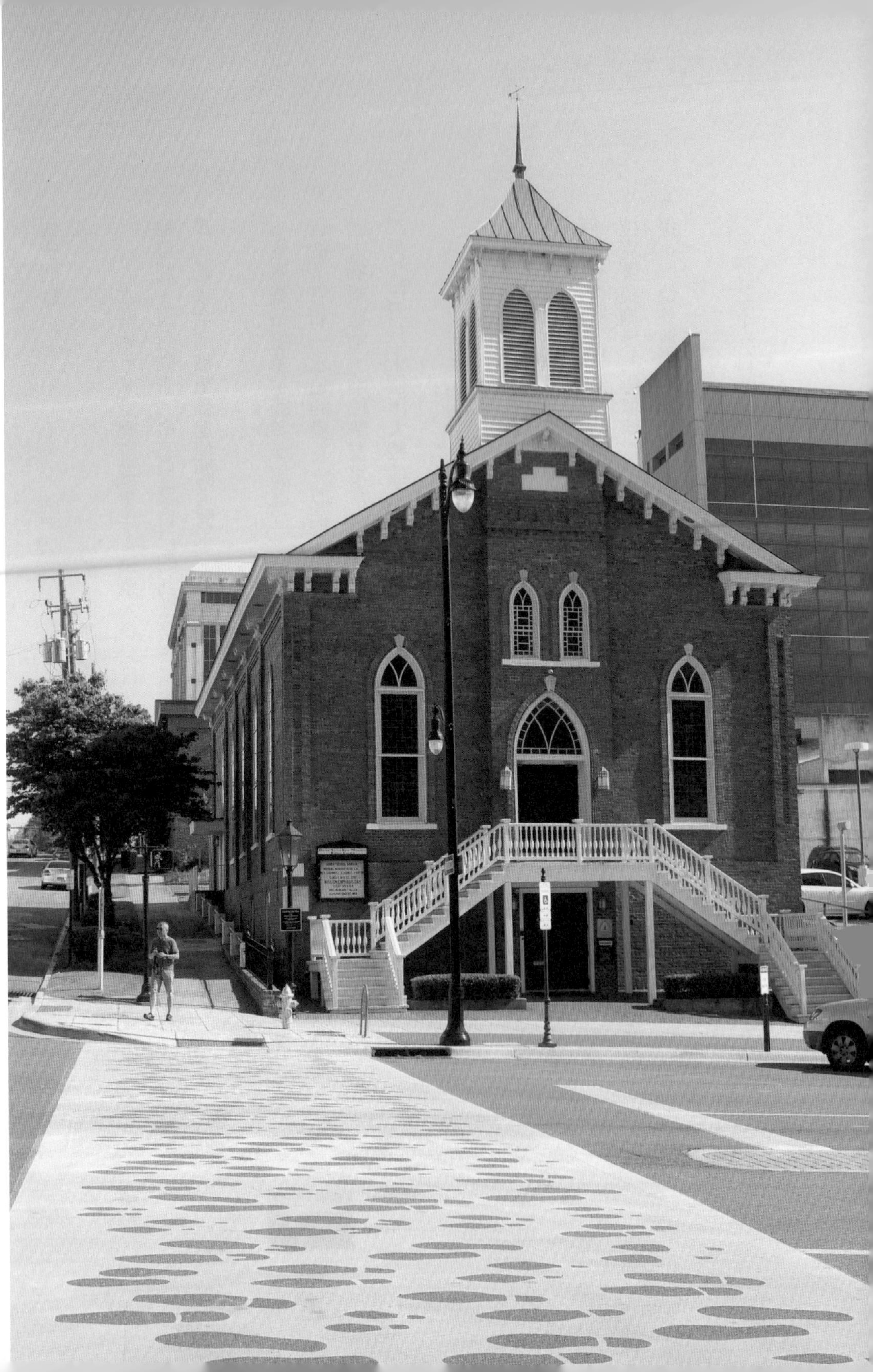

—馬丁路德教堂前的斑馬線由腳印構成，紀念前進蒙哥馬利運動。

利州議會前。三月二十四日，蒙哥馬利加入兩萬五千名示威者。國會通過《美國投票法案》，八月六日詹森總統簽署，禁止對任何種族，膚色，性別，社經地位的公民，在選舉權上進行歧視。

從阿拉巴馬河上的愛德蒙皮特斯橋（Edmund Pettus Bridge）進入塞爾瑪。進橋前，是個當年前進蒙哥馬利運動的小紀念園區。塞爾瑪還是個貧窮的地方。經過一個市長競選辦公室，進去打招呼，他們很開心。市長候選人是個年輕的黑人女性，和我們合影留念。

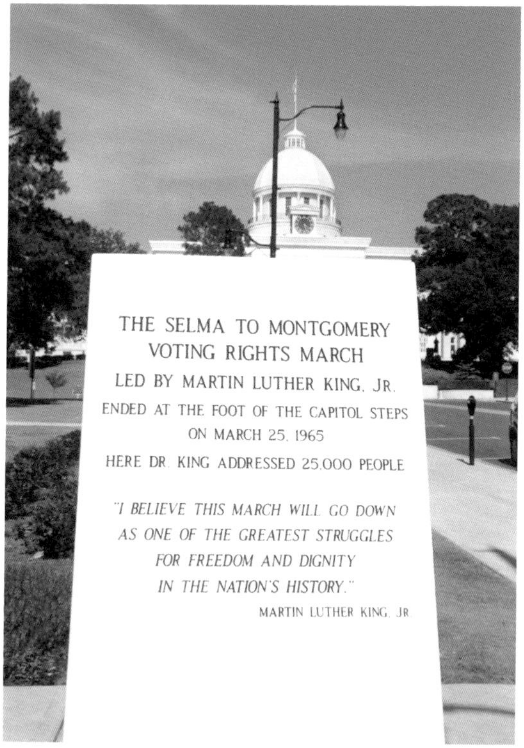
THE SELMA TO MONTGOMERY
VOTING RIGHTS MARCH
LED BY MARTIN LUTHER KING, JR.
ENDED AT THE FOOT OF THE CAPITOL STEPS
ON MARCH 25, 1965
HERE DR. KING ADDRESSED 25,000 PEOPLE
"I BELIEVE THIS MARCH WILL GO DOWN
AS ONE OF THE GREATEST STRUGGLES
FOR FREEDOM AND DIGNITY
IN THE NATION'S HISTORY."
MARTIN LUTHER KING, JR.

—前進蒙哥馬利紀念牌。

阿拉巴馬州議會和州長辦公室的建築物，一片雪白。通往州議會廣場的大道上，有紀念馬丁路德金恩博士的浸信會教堂。過街的人行道，不是斑馬線，而是一個個淡黑的腳印。街旁立著一塊告示牌，簡述第二次「塞爾瑪前進蒙哥馬利」，全稱是「塞爾瑪到蒙哥馬利投票權遊行」（The Selma To

Montgomery Voting Rights March）。馬丁路德金恩二世領導。結束在州議會的下方。一九六五年三月二十五日。金恩博士對兩萬五千人演講。

「我相信，這次遊行將是國家歷史上，為自由和尊嚴，最偉大的奮鬥之一。」金恩說。

一九六八年四月四日，金恩遇刺身亡。全國各地都立即發生暴動。軍隊和國民警衛隊出動鎮壓。

四月九日，「永遠的獄友」艾伯納西牧師主持金恩的葬禮。六萬名

—孟菲斯，田納西。
—金恩被暗殺的汽車旅館。

痛哭的黑人，在教堂外聆聽擴音機傳出的葬禮過程。金恩的家人和朋友護送金恩的靈柩前往墓園。騾子載著金恩的棺木，對亞特蘭大做最後的巡禮。騾子代表著他一生為窮苦人民所做的奉獻。

獨立戰爭，制定憲法，南北戰爭，是美國建國三部曲。前後約九十年。廢除種族隔離政策，廢除公民權歧視，廢除工作權歧視，是美國民權運動三部曲，歷時一百年。下個一百年美國人將為甚麼價值奮鬥呢？

「喔，蘇珊娜，妳不要為我哭」，美國音樂之父史蒂芬福斯特（Stephen Foster）的歌聲響起。「老黑爵」「肯塔基老家鄉」「蘇珊娜」都是他的作品，從高中唱到現在。RV旅行才剛開始，只約三千八百公里，和小車旅行相加，已超過一萬兩千公里。還有約兩倍的路程在前面。我們將北上田納西的納許維爾，美國鄉村音樂的聖地。

（二部曲待續）

吳祥輝創作大事記

一九五四　生於台灣宜蘭冬山鄉。

一九七四　畢業於台北市立建國高級中學。入伍當兵。

一九七六　處女作《拒絕聯考的小子》（遠流）衝撞台灣教育體制，轟動全台，暢銷五十萬本。被已故作家「三毛」譽為「台灣的麥田捕手」。

一九七七　第二本書《叛幫的小老么》（遠流），遭台灣警備總司令部查禁，修改故事結尾並改名《斷指少年》後重新出版。三年服役期滿。退伍。被《聯合報》聘為警政記者。（《聯合報》為當年台灣兩大報之一）

一九七八　《拒絕聯考的小子》拍成電影，創票房佳績。《台北甜心》（遠流）出版。

一九七九　《斷指少年》拍成電影，再創票房佳績。

一九八一　《獨家新聞》（遠流）出版。開電影公司，擔任公司製片人。《台北甜心》拍成電影。

一九八三　擔任第一本黨外周刊《前進》採訪主任。成為台灣島內打破蔣家神話第一人。

一九八四　領導「揭露二二八採訪小組」，二二八事件首度在台灣被披露。獲「黨外編輯作家聯誼會」頒發「言論自由貢獻獎」。擔任《前進》總編輯。

一九八五　《前進》被查禁停刊。創辦《第一線》，同年也遭停刊。

一九八六　《李敖死了》（第一線）出版。全面批判李敖。揭穿「黨外青年導師」李敖的真面目。李敖被黨外支持者掃地出門，失去過去對黨外陣營的影響力。

與尤清、朱高正共同創辦《自由台灣》，同年遭停刊。

一九八七 創辦《民進周刊》。打破媒體封鎖，將民進黨領袖人物以封面故事的方式介紹給公眾。成為當時最暢銷的政論雜誌。

和張友驊聯手打開「軍事黑盒子」，成為台灣政治爆料的「開山祖師」。同年戒嚴令廢除。

一九八八 以刑事誹謗罪等罪名遭判刑，經依法合併執行，縮短刑期。又因蔣經國死亡減刑二分之一。坐牢七個月。

一九九〇 再度以刑事誹謗罪等罪名遭判刑，經合併執行，縮短刑期。蔣經國死亡減刑二分之一。再坐牢七個月。《民進周刊》停刊。

一九九一 創辦《人民周刊》，同年遭停刊。「萬年國會」宣告終結。一九九二年全面改選，新的政黨、政治時代來臨。成立「早安國際公關公司」，成為台灣第一家現代化專業競選的公司。

一九九五　五年內服務超過六十人次的候選人。創造多次「奇蹟勝選」，在選壇享有盛譽。公司更名為「吳祥輝國際公關公司」。

二〇〇二　《吳祥輝選舉學》（遠流）出版。被譽為台灣的「選舉聖經」，國民兩黨秘書長都為書做序，罕見政治性書籍同時受到兩個對手政黨領導人一起推薦。

二〇〇五　結束二十二年的政治寫作生涯，重返文學作家崗位。開始第一個五年寫作計畫。

二〇〇六　「國家書寫系列」歐洲三部曲首部曲《芬蘭驚艷》（遠流）出版，再次轟動全台，獲得「金鼎獎」一般圖書類「第三十一屆最佳著作人獎」。同年被《亞洲周刊》評為非文學類「二〇〇六年度全球華文十大好書」。

二〇〇七　歐洲三部曲二部曲《驚歎愛爾蘭》（遠流）出版。再度暢銷，獲「二〇〇七年台灣最具影響力的十本書」。

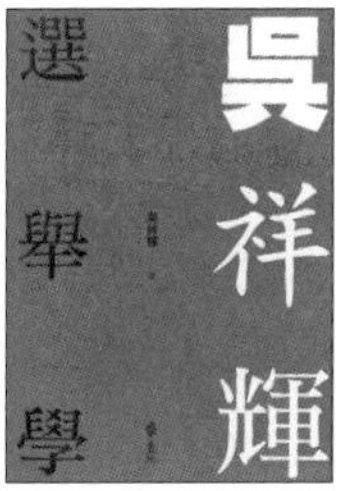

二〇〇八　《我是被老師教壞的—我最感謝的一所學校》（圓神）出版。被譽為是親子陪伴的經典之作。誠品書店選為「二〇〇八年父親節的贈禮首選」。

二〇〇九　歐洲三部曲最終曲《驚喜挪威》（遠流）出版。為第一個「國家書寫系列」劃下一個「真善美」的句點。

二〇一一　父子三部曲首部曲《陪你走中國》（遠流）出版。同年成立「蝴蝶蘭文創有限公司」。

二〇一三　父子三部曲二部曲《驚恐日本》（蝴蝶蘭文創）出版。

二〇一五　父子三部曲最終曲《洋蔥韓國》（蝴蝶蘭文創）出版。完成兩個「國家書寫系列」。歷時十年，本本暢銷，書書好評。

二〇一六　寫作旅行全美五十州。美國三部曲首部曲《磅礴美國》出版。

二〇一七　重編出版「吳祥輝經典作品集」八冊：《拒絕聯考的小子》《芬蘭驚艷》《驚歎愛爾蘭》《驚喜挪威》《告別中國》《惜別日本》《離別韓國》《磅礴美國》。

二〇一九　美國三部曲二部曲《勇士的國土》出版。

編輯說明：《告別中國》原書名為陪你走中國。
《惜別日本》原書名為驚恐日本。
《離別韓國》原書名為洋蔥韓國。
二〇一七年由「蝴蝶蘭文創」出版時更名。

吳祥輝經典作品集── 09
美國三部曲 二部曲　WE02009

勇士的國土

環遊美國50州 二部曲

作　　者　吳祥輝
圖片攝影　吳祥輝
圖片提供　Shutterstock
版型提供　遠流出版事業股份有限公司
美術原型提供　雅堂設計工作室
美術設計　徐蕙蕙
編　　輯　李傳惠

發 行 人　吳祥輝
出版發行　蝴蝶蘭文創有限公司
地　　址　新北市汐止區翠峰街2巷11弄18號
電　　話　0983-907-422
電子信箱　orchid.ltd.2011@gmail.com
郵政劃撥　50388026

經 銷 商　時報文化出版企業股份有限公司
地　　址　桃園市龜山區萬壽路二段351號
電　　話　(02) 2306-6842

初版一刷　2019年5月1日
定　　價　380元

ISBN　978-986-97093-2-3
Printed in Taiwan

國家圖書館出版品預行編目（CIP）資料

勇士的國土：環遊美國50州. 二部曲 / 吳祥輝著.　　—— 初版. —— 臺北市：蝴蝶蘭文創，2019.05　　面；　　公分 ——（吳祥輝經典作品集；9）（美國三部曲. 二部曲；WE02009）
ISBN 978-986-97093-2-3（平裝）　　1. 旅遊文學　　2. 美國

752.9　　108005277